RAFAEL LLANO CIFUENTES

INSEGURANÇA, MEDO E CORAGEM?

3ª edição

São Paulo
2023

Copyright © 2004 Quadrante Editora

Capa
Provazi Design

Dados Internacionais de Catalogação na Publicação (CIP)

Llano Cifuentes, Rafael
  Insegurança, medo e coragem? / Rafael Llano Cifuentes —
3ª ed. — São Paulo: Quadrante, 2023.

  ISBN: 978-85-7465-508-6

  1. Ansiedade 2. Coragem 3. Medo I. Título

CDD-200.19

Índice para catálogo sistemático:
1. Insegurança: Psicologia religiosa 200.19

Todos os direitos reservados a
QUADRANTE EDITORA
Rua Bernardo da Veiga, 47 - Tel.: 3873-2270
CEP 01252-020 - São Paulo - SP
www.quadrante.com.br / atendimento@quadrante.com.br

SUMÁRIO

UMA RADIOGRAFIA DA VIDA 5

OS DIFERENTES ROSTOS DA
    INSEGURANÇA 11

À PROCURA DE SEGURANÇA 47

A CORAGEM... 75

EPÍLOGO
    Uma breve e indispensável palavra
    de despedida.. 121

UMA RADIOGRAFIA DA VIDA

Há algum tempo, folheando uma revista americana, reparei numa fotografia interessante. Era um *flash* de uma rua de Nova York. As pessoas tinham estampada no rosto uma estranha expressão de ansiedade, ou até de medo patente. Todas olhavam fixamente para qualquer coisa de insólito ou de apavorante, que não aparecia na fotografia, mas parecia ser o foco dessa tensão generalizada.

Que estariam observando de forma tão inquieta? Fui ler o pé da fotografia e fiquei mais surpreso ainda. Dizia simplesmente: "Um grupo de pessoas observando o semáforo para tentar atravessar a Quinta Avenida". A revista chamava a atenção precisamente para uma inquietação bastante inusitada diante de algo tão inocente como um semáforo, e comentava que o que provocava essa atitude não era o semáforo, mas a ansiedade interior. As pessoas estavam apressadas, queriam atravessar a rua rapidamente porque algo as inquietava por dentro. Era o seu mundo interior que provocava essa angústia.

Às vezes, pergunto-me o que aconteceria se, em determinadas circunstâncias da vida, alguém filmasse os nossos estados de ânimo. O que esse filme revelaria? Ao lado de alguns momentos serenos e alegres, talvez mostrasse apreensão, insegurança, medo, receio, indecisão, ansiedade, sentimentos de inferioridade ou de "angústia existencial".

A expressão "angústia existencial", que, lá pelos anos cinquenta, era patrimônio exclusivo de uma determinada classe intelectual, acabou por invadir as ruas, por tornar-se "papo de barzinho de esquina". Outro dia, ouvi um *office-boy* comentar que estava experimentando "angústia existencial"; quando lhe perguntei se sabia o que queria dizer a expressão, respondeu-me que não exatamente, mas que lá no serviço todo o mundo comentava... Não compreendia todo o seu significado, mas realmente sentia-se angustiado.

Muitas vezes o nosso século já foi designado como o *século da angústia*: "Como a peste nos séculos precedentes — escreve o romancista alemão Wassermann —, como a febre amarela nos trópicos, agora faz estragos a doença da alma, a epidemia moral, a desagregação do sentido da vida..., uma espécie de neurose epidêmica"[1]. Esta constatação, também eu pude fazê-la ao longo de quase quarenta anos de sacerdócio, em frequentíssimas conversas de direção espiritual.

O conteúdo dessas confidências íntimas, as suas ramificações existenciais e religiosas, permitem-me chegar a conclusões empiricamente comprováveis. Basta-

---

(1) J. Wassermann, *Etzel Andergast*, Buenos Aires, 1946, pág. 367.

-me abrir as comportas da memória para que essas experiências comecem a ditar as suas eloquentes lições...

É uma mãe de família que me dizia: "Fico muito angustiada quando algum dos meus filhos se atrasa para chegar em casa. Penso em coisas horríveis: vejo-o embaixo das rodas do ônibus, atingido por uma bala perdida..., sei lá..., sequestrado..."

É um jornalista amigo que me comentava: "Sempre me anda perseguindo a ameaça do desemprego. Às vezes, quando entro no escritório, sinto-me como se as pessoas me olhassem de maneira diferente... e o chefe parece evitar a minha presença ou estar-me olhando torto... Aí assalta-me o terrível pressentimento: é hoje!"

E a recordação de tantas insatisfações de gente moça: "Será que alguém vai gostar de mim, a ponto de querer casar comigo?" — dizia uma jovem. E um outro: "Algo me diz que vou levar uma 'bomba' monumental no vestibular..."; e um terceiro, um quarto, um quinto: "Sempre que me ausento de casa por uma temporada, receio que algo de ruim venha a acontecer aos meus pais. Por vezes, sinto isso de forma muito viva quando recebo um telefonema"...; "Estou sempre na dúvida: não sei se escolhi bem o meu curso, não sei se devo namorar esta ou aquela menina... E depois de tomar uma decisão, tenho sempre a impressão de que errei"... "Como me custa fazer uma pergunta em aula!... Como me sinto inibido quando entro numa roda de gente desconhecida!"... A sequência seria interminável.

Essas situações interiores poderiam encontrar um denominador comum que sintetizaríamos numa palavra: *insegurança.*

OS DIFERENTES ROSTOS DA INSEGURANÇA

A insegurança não tem perfis claros e delimitados. Mais que uma sensação momentânea de vulnerabilidade e fraqueza experimentada diante de uma ameaça real e concreta, designa a sensação de se estar permanentemente exposto a um perigo vago, indefinido, impreciso. Está-se em guarda contra não se sabe o quê, que pode acontecer não se sabe quando, que ameaça sem que se saiba por quê. É um estado anímico "flutuante", em que oscilam situações interiores imprecisas e de difícil classificação.

Vamos fixar a atenção apenas em três situações significativas: *o sentimento de inferioridade,* a *inibição* e o *medo* ou *ansiedade*. As fronteiras de cada uma delas se esfumam e confundem umas com as outras: há um pouco de sentimento de inferioridade na inibição, há algo de inibição no medo, e há muito de temor na sensação aflitiva de inferioridade. Porém, em termos gerais, as três podem englobar-se dentro do conceito de insegurança.

O sentimento de inferioridade

Adler fundamenta todo o seu pensamento na ideia de que "ser homem significa estar atormentado por sentimentos de inferioridade e tender, ao mesmo tempo, a uma mais alta situação de superioridade".

De certa forma, isso representa uma realidade que nós mesmos podemos constatar ao longo da nossa vida. Ao embate de nossas limitações espirituais, intelectuais, afetivas e físicas, sentimos uma necessidade indeclinável de superação. Não nos contentamos com o que somos; precisamos ser mais e mais, como se as formas embrionárias de perfeição que trazemos dentro de nós estivessem sempre suspirando, inquietas, por seu perfeito acabamento. Este pensamento está bem próximo de uma verdade teológica que nos deveria levar sempre a valorizar a nossa dignidade humana: fomos criados à *imagem e semelhança de Deus* (cf. Gn 1, 26-27); trazemos gravada no fundo do nosso ser a marca do Altíssimo, os vestígios do Infinito. Fomos criados por Deus e para Deus.

Mas esse irrenunciável instinto de perfeição, de beleza, de felicidade, de realização, que por um lado nos pode engrandecer, por outro nos pode atormentar e deprimir. Pois, ao experimentarmos uma e outra vez as nossas limitações, a minguada estatura da nossa personalidade, brota em nosso íntimo uma forte insatisfação que pode transformar-se num aflitivo sentimento de inferioridade.

O grande conflito entre o muito que pretendemos ser e o pouco que somos manifesta-se em determinadas atitudes que parecem não ter nada a ver com o senso de inferioridade, mas que na realidade são como que reflexos ou pequenas amostras — diminutas "biópsias" — desse fenômeno. Lembro-me, por exemplo, de um estudante que me dizia: "Me sinto mal quando vejo que alguém tira notas melhores do que eu. Isso me provoca uma forte depressão. É como se algo, cá por dentro, me falasse da minha incapacidade: não adianta esforçar-se, você não vai chegar lá". Ou daquela aluna da Faculdade de Direito que não conseguia conquistar um rapaz e me comentava: "Cada uma das minhas colegas vai arranjando namorado e eu... nada! Vou ficar 'encalhada', virar 'titia'". Comentário parecido ao daquela outra colega dela que desabafava: "Tenho complexo de *tartaruga:* gorda, feia, enrugada e fechadona". Num outro sentido, mas com a mesma orientação, um universitário do Fundão, intelectualmente brilhante, que morava lá beirando a favela do Vidigal, confidenciava-me: "Sinto-me extremamente inseguro ao aproximar-me daquelas moças bonitas e elegantes que vêm de Ipanema e Leblon com o seu carro último modelo... Como se elas fossem as *princesas* e eu o *mendigo*..."

As causas que motivam essas situações interiores são muitas e extremamente diversificadas. Só a título de exemplo apontaremos algumas: uma *educação repressiva,* que leva a pensar que uma atitude inibida — não falar, não olhar, não fazer — evita perigos físicos e morais; as iniciativas absorventes de uma mãe *possessiva,* que forçam os filhos a tornar-se eternos dependentes da sua ajuda, *menores perpétuos;* a repetida *gozação* de irmãos, parentes ou colegas sobre determinado defeito, que pode levar a um estado de retraimento habitual; a *inadaptação* a certos meios sociais, que propicia sensações de desajuste etc.

Paralelamente, e em sentido contrário, observamos também como uma situação de inferioridade constitui para muitos como que um estímulo que os incentiva a esforçar-se por subir mais alto. O que para uns é motivo de afundamento e depressão, para outros é um verdadeiro desafio. Nestes últimos, brotou, não se sabe de que fontes ocultas, uma forte determinação de superar-se a si próprios. John Kennedy, que sofria de sérios problemas de coluna, ou Franklin Roosevelt, que andava de cadeira de rodas, não se sentiam inferiorizados por terem essas graves limitações físicas. Milton, o insigne autor inglês do *Paraíso perdido*, atingiu, depois da cegueira, uma profundidade de pensamento e uma paz que o tornaram grandioso. Foram homens que viviam em outro nível, respiravam uma atmosfera mais alta, viviam de ideais mais elevados. E, superlativamente, poderíamos imaginar um São Paulo complexado por ter um aspecto físico mirrado e pouco atrativo? Um São Pedro, por ser "apenas" um rude pescador da Galileia? Ou, para dizer tudo, Maria e José, por serem pobres e terem de ganhar o seu sustento com o trabalho de suas mãos?

Diante disso, poderíamos perguntar-nos: por que o mesmo fenômeno provoca em certas pessoas sentimentos de inferioridade, e em outras, nas mesmas condições, suscita um afã de superação? Por que existem pessoas pouco atrativas, baixas, menos inteligentes, entrevadas, de condição social modesta, que vivem normalmente, que trabalham, que são produtivas e felizes, e outras que, em situações semelhantes, se arrastam pela vida sob o peso de um complexo?

A explicação — o "porquê" — reside em última análise no mistério do próprio ser humano e no dom maravilhoso da liberdade que Deus lhe concedeu. Em grande parte dos casos, a diferença entre uns e outros encontra-se *na atitude que assumem livremente diante das próprias limitações*. A pessoa que não quer aceitar a própria realidade supervaloriza as falhas, sente-se oprimida e asfixiada pelas limitações, a ponto de centrar-se obsessivamente na insuficiência que a aflige: "não tenho capacidade para os estudos"; "nunca conseguirei um bom emprego"; "com este meu aspecto físico, não poderei conquistar o amor de ninguém"; "nunca haverá uma chance para mim"; "não adianta, eu sou azarado"... E o "estribilho" martela a cabeça e atormenta continuamente.

E aqui pode dar-se uma situação paradoxal. Como ninguém consegue suportar essa aflição por muito tempo, a pessoa tende a criar *compensações,* que transformam o que seria um simples sentimento de inferioridade numa rede intrincada de justificativas, desculpas e dissimulações que tornam a sua personalidade algo complicado, "complexo". Como não aceita o seu "ser", compensa-o com o "parecer". As teatralidades, os fingimentos, os esnobismos, as ironias, as fanfarronices, as agressividades, as falsas "originalidades" são como uma máscara de papelão a encobrir esse pobre ser que intimamente sofre porque não suporta ser como é.

É fácil, pois, deduzir que, em muitos casos, os chamados "complexos de superioridade" são na realidade uma espécie de "superestrutura" dos "complexos de inferioridade". As pessoas que vivem essa aparência de superioridade aparentam um poder, uma capacidade que na realidade não possuem. E isso as torna extraordinariamente frágeis: têm medo de falhar, "ensaiam" uma e outra vez o "papel" que têm de desempenhar no palco da vida social ou profissional, receiam que o seu "jogo" seja descoberto e, quando caem em alguma falta, mergulham irremediavelmente no desânimo: euforia quando conseguem representar bem; depressão quando, de alguma maneira, os outros descobrem a sua fraqueza. A insegurança e o temor são o apanágio da sua personalidade.

Se repararmos bem, no fundo dessa falta de aceitação de si mesmo existem alguns motivos ocultos.

Em primeiro lugar, há um *egocentrismo exacerbado*, que leva a pessoa a procurar estar continuamente à altura da imagem que faz de si própria.

Os psicólogos modernos gostam de falar do *self*, da imagem que cada um cria de si já a partir da infância. Ora bem, essa imagem que desde cedo fazemos de nós mesmos serve-nos de padrão para medirmos as nossas ações e atitudes na maturidade: se estiver distorcida, traduzir-se-á num comportamento distorcido. E o mais frequente é que esteja, de fato, distorcida: não representa aquilo que na realidade somos, mas aquilo que *imaginamos ser*.

Em uma pessoa normal, esse *self* não é o único nem o principal fator determinante do comportamento: no momento de decidir se deve ou não executar determinada ação, essa pessoa busca como ponto de referência diversos padrões exteriores e objetivos — o bem dos familiares e das outras pessoas em geral, a lei natural, a lei divina revelada, e até as convenções sociais. Baseia-se no que a experiência humana comum lhe diz acerca da falibilidade e fragilidade do ser humano; aprende com as suas limitações pessoais e até com os seus pecados; esforça-se por conhecer, na oração, o que Deus tinha em mente quando a criou, e o que espera dela; e assim vai pouco a pouco corrigindo essa imagem que faz de si mesma.

No egocêntrico, porém, esses padrões objetivos são jogados a escanteio. Ao invés de olhar *para o objetivo*, para os valores que devem reger o seu comportamento, o egocêntrico olha *para o subjetivo*, para o seu *self*. Ora, essa imagem costuma defrontá-lo com um ser artificialmente perfeito: um homem de nervos de aço, maduro, inteligente e infalível; ou um intelectual de inteligência aguda e conversação brilhante; ou um esportista polivalente; ou uma modelo refinada e elegante; ou... E quando compara esse falso *Eu* imaginário com a realidade inegável dos seus erros profissionais e pessoais, com a ineludível percepção da própria mesquinhez e vulgaridade, com os seus pecados patentes e inegáveis, necessariamente tem de tocar com as mãos o seu fracasso.

Estreitamente ligado ao egocentrismo encontra-se o *sentimentalismo,* a excessiva valorização dos estados interiores. Por olhar continuamente para dentro, a pessoa tende a identificar felicidade, realização, perfeição com a simples alegria sentimental ou o bem-estar fisiológico. Ora, diante das suas carências e limitações, não tem como não sentir tristeza; diante dos seus erros e pecados, tantas vezes voluntários, não tem como não sentir culpa. Não descobre em si recursos ou capacidade para mudar esses elementos negativos que, à medida que passa o tempo, mais e mais se mostram além do alcance das suas possibilidades. E, como não olha para fora, não espera nem confia numa ajuda que poderia vir-lhe de Deus ou dos outros.

Em consequência, o sentimental e o egocêntrico voltam uma e outra vez a tentar encontrar, com uma crispação crescente, a paz interior, o bem-estar, a sensação de segurança na mesma velha máscara que sempre lhes serviu de proteção: o velho *self*, cuja inconsistência conhecem perfeitamente, mas do qual são incapazes de se desapegar. E quanto mais se apoiam na máscara, mais inseguros se sentem; e quanto mais inseguros, mais se agarram à máscara. Assim diz, pungentemente, Fernando Pessoa, que sabia dessas complexidades interiores: "Quando quis tirar a máscara, estava pegada à cara"[1].

Além do egocentrismo e do sentimentalismo, o terceiro "parceiro" desse jogo é a falta de uma *filosofia de vida verdadeira*, a carência de uma *escala de valores realista*. Por que há pessoas que se sentem inferiorizadas diante das suas limitações físicas, estéticas, intelectuais ou morais? Por que há pessoas que vivem obcecadas com a discriminação que pensam sofrer

---

(1) Fernando Pessoa, *Tabacaria*, em *Poesias de Álvaro de Campos, Obra Poética*, Rio de Janeiro, Nova Aguilar, 1992, p. 365.

por causa da sua cor ou da sua situação social ou econômica? Porque baseiam a superioridade, a perfeição que almejam, num *valor falso;* ou melhor, porque supervalorizam uma qualidade que gostariam de encontrar no seu *self* como indispensável para poderem sentir-se plenamente realizadas como seres humanos.

É frequente observar pessoas inteligentes que recorrem ao psiquiatra na ânsia de que este as liberte do seu *complexo de inferioridade,* como se se tratasse de algo alheio a elas — uma espécie de *tumor psíquico* que pudesse ser eliminado com o boticão da psicanálise, do mesmo modo que o dentista extrai um molar. Essas pessoas — inteligentes, mas ingênuas — não percebem que precisam é de um novo critério para julgarem a si mesmas e julgarem o sentido da sua vida, o valor do papel que estão chamadas a desempenhar nesta terra, o que tem e não tem valor definitivo e eterno. Necessitam, numa palavra, de uma autêntica escala de valores.

A inibição

A *inibição* consiste num retraimento da personalidade provocado pelo temor desproporcionado perante determinada circunstância exterior: o receio de fracassar, de não estar à altura das expectativas alheias, de decepcionar os outros, de padecer uma frustração, de sofrer, de adoecer, de fazer um papel ridículo...

O inibido torna-se cauteloso, desconfiado, fechado em si mesmo, silencioso, carente de espontaneidade, pouco transparente... Muitas vezes, tal como o inferiorizado, disfarça o seu sentimento com atitudes aparentemente corajosas, descontraídas: simula uma segurança que não tem, cantarola ou marca com os dedos o ritmo de uma música imaginária, assobia, levanta a voz, irrita-se ou agride... Quer assim mostrar firmeza e coragem precisamente nos momentos em que se sente mais inseguro.

A inibição tem tantas manifestações quantos os temperamentos e circunstâncias. Existem, em primeiro lugar, as *inibições comuns,* aparentemente superficiais, como a que se experimenta quando se gostaria de formular uma pergunta no meio de uma aula ou no fim de uma conferência; quando se sentem tremer as pernas ao dirigir-se ao quadro negro para desenvolver uma questão solicitada pelo professor; quando é necessário exigir os direitos perante um funcionário público autossuficiente e mal-educado; quando, numa reunião numerosa, silencia-se uma opinião que se julga certa por medo de ser contestado; quando se recusa um convite para um encontro social só porque não se sabe como comportar-se naquele ambiente; quando, num desses encontros, se evita cumprimentar as pessoas importantes pensando, quiçá, "Quem sou eu?" etc.

Em todas essas manifestações há um fundo de *amor-próprio* ou de *vaidade*. Os retraídos não o são por não quererem aparecer — por humildade —, mas precisamente pelo contrário: gostariam imensamente de aparecer, mas têm medo de fracassar; gostariam de brilhar, mas sem terem de expor-se à vergonha ou ao ridículo de ficar mal; desejariam fazer ouvir a sua opinião, mas receiam ser contestados. Por essa razão, calam-se, escondem-se no anonimato, permanecem na sombra. Não por humildade — repito —, mas por temor.

Lá por dentro, porém, que diferença! A imaginação vaidosa coloca-os num palco ou numa passarela: lá desfilam sob os aplausos da plateia e o elogio unânime do público; fazem *la bella figura,* como dizem os italianos. Preferem imaginar a fazer: afaga-lhes mais a vaidade idealizar como se sairiam bem se agissem do que constatar, diante da realidade dos fatos, o pouco êxito que decorre da sua atuação.

Ora, é precisamente essa imaginação exorbitante, a exagerada *expectativa* do sucesso ou do fracasso, o que os inibe na hora de agir. Como ao estreante da seleção nacional de futebol: *pesa-lhes a camisa*, não suportam a pressão da torcida, tropeçam e perdem a familiaridade com a bola. No ambiente do seu "clube", até que jogam com desenvoltura; na competição internacional, inibem-se. Por quê? Porque, no seu campo, são bem aceitos, não sentem a pressão do aplauso ou da vaia; no Maracanã, porém, o seu fracasso se tornará objeto de comentário mundial *via internet*.

O mesmo ocorre em todos os terrenos, seja nos jogos do esporte, seja nos jogos da vida, seja nos jogos do amor, seja nos jogos de cena. A "divina" Sarah Bernhart confessava que, em dia de estreia, as pernas lhe tremiam. Aliás, certa vez, ao ouvir uma atriz estreante comentar que não tinha medo de nada, Sarah alfinetou a novata: "Não se preocupe, minha filha, que o medo vem com o talento". Não confirmo a verdade dessa assertiva, mas confirmo que quem tem fama e teme perdê-la cai no constrangimento.

Tudo isso, no entanto, ainda se mantém num plano de normalidade, mesmo que seja apenas a "normalidade" de um vício:

a vaidade. A anormalidade começa quando esse vício passa a determinar não apenas as situações de estreia e as ocasiões "especiais", mas *todas* as atitudes da pessoa. Uma moça — no meio de um retiro em que se examinou a fundo — confidenciou-me: "Sou apenas uma coleção de espelhos refletindo o que os outros esperam de mim!" Que queria expressar com essa declaração? Que vivia dependente da opinião alheia, que não tinha personalidade própria, mas apenas ânsias de agradar aos outros. E um rapaz, estudante de Engenharia, expressava a mesma ideia com outra imagem: "É como se trouxesse um radar implantado na minha cabeça, que gira e se orienta de acordo com as opiniões ou as expectativas dos que me rodeiam".

Evidentemente, essa espécie de giroscópio impede a pessoa de ter uma conduta coerente, um rumo determinado que dê naturalidade e desenvoltura ao seu caminhar. Imprime a toda a sua personalidade uma espécie de *complexo de Narciso*, em que tudo gira em torno de si, da beleza da sua imagem especular. Afinal, se deseja agradar aos outros, é unicamente para que os outros *a* admirem; e, vice-versa, se teme desagradar-lhes, preferirá não fazer o teste e contentar-se com a admiração desse solitário espectador que é o seu *Eu*. O Narciso da mitologia encontrava o seu espelho nas plácidas águas de um lago; o solitário Narciso do século XX contenta-se com encontrar o seu espelho nas complacentes águas da própria imaginação.

Como "Narciso acha feio o que não é espelho"[2], tende a rodear-se de um "mundinho" imaginário, uma "toca" que reflita os seus gostos e preferências e forme uma camada protetora acolchoada que o isole suavemente do mundo real, exterior, do mundo dos "outros", com as suas arestas cortantes, o seu frio e o seu calor excessivos, as suas complexidades inextricáveis. Orienta o seu comportamento mais para

---

(2) Caetano Veloso, *Sampa*.

proteger-se dos outros do que para abrir-se a eles, mais para precaver-se do que para criar, mais para não sofrer do que para aumentar a alegria alheia. Constrói os seus mecanismos de defesa, reforça a sua carapaça de tartaruga. E acaba assim por trancafiar a sua personalidade em si mesmo: a sua "toca" converte-se em prisão.

O comportamento inibido do tímido causa, por sua vez, inibição nos que o rodeiam. As pessoas receiam violar o seu isolamento. E ele, ao perceber que os outros se afastam, ressente-se e inibe-se ainda mais. É um círculo vicioso, em que a própria pessoa se fecha justamente àquilo de que mais sente necessidade: um ambiente acolhedor, simples, afetuoso. Todos precisamos disso, e o tímido muito mais, porque geralmente tem uma personalidade delicada e sensível. Faz-lhe muita falta o carinho, e a indiferença dos outros, provocada pelo seu próprio retraimento, leva-o a endurecer-se mais e mais. E a solidão, em processo rodopiante, vai construindo à sua volta um casulo de isolamento e tristeza, numa espiral sem fim.

Vae soli! "Ai de quem está só", exclama a Sagrada Escritura (Ecl 4, 10). Infeliz de quem tem como único suporte as suas próprias forças. "Solidão" e "insegurança" são palavras inseparáveis, tanto como "amor" e "segurança".

Até agora, referimo-nos às inibições comuns, às que se manifestam ostensivamente; mas estas, com muita frequência, estão ligadas a outras mais escondidas, larvadas, imprecisas. Não transparecem em atitudes concretas, antes se diluem em todo o comportamento em forma de estados de ânimo deprimidos, sensações de inadaptação ao meio ambiente, num clima interior de perplexidade e desorientação. São, porém, profundas, dominantes.

Estas outras inibições, a que chamaríamos *essenciais*, caracterizam personalidades que não tiveram a coragem de definir-se interiormente, que não fizeram uma opção radical sobre as questões fundamentais da vida humana. São pessoas que não chegaram a assumir o que denominaríamos, com redundância propositada, *decisões decisivas:* as que definem o roteiro fundamental da vida, as que marcam a linha diretriz que conduz o navio da existência ao derradeiro porto de destino.

Navegam intimamente em águas turvas, escuras, duvidosas. Suspiram pela glória, mas sem o sacrifício; desejam o amor, mas sem a doação; o triunfo profissional, sem o esforço do estudo e do trabalho; a perfeição cristã, sem a renúncia a nada; a felicidade eterna na visão e posse de Deus, sem a obediência amável aos seus mandamentos.

A timidez que aparece em tantas manifestações externas parte muitas vezes dessas inibições essenciais a respeito do fim último da vida. E este fim último põe em questão nada menos que a disjuntiva entre o *nada* — a morte como malogro total — e o *tudo* — a plenitude da felicidade eterna. Essa oscilação entre o tudo e o nada, essa indefinição entre a vida e a morte, é a fonte primária das principais inibições. As mais banais — como a que sente a debutante de quinze anos no seu primeiro baile — são às vezes como uma ressonância daquela derradeira que define o nosso destino eterno. A mais trivial inibição — o gaguejar de um estudante diante do professor, de um funcionário diante do chefe inflexível — é um eco daquela indefinição essencial que se constitui no epicentro profundo de onde partem todos os tremores e todos os temores. Morte ou vida, tudo ou nada.

Já faz séculos que Shakespeare o disse genialmente: *To be or no to be, that's the question*. A questão não é triunfar ou fracassar agora ou daqui a pouco, aqui ou acolá; é ser feliz em tudo para sempre ou ser infeliz em tudo para sempre: *that's the question*. Quando se sente uma inibição qualquer, paira na consciência a pergunta: "Será que vou ser bem-sucedido?";

porém, lá no fundo do inconsciente, ressoa o eco doloroso de uma outra pergunta, bem mais decisiva: "Será que vou atingir a plenitude que desejo? Será que estou a caminho da minha realização eterna?" Ressoa inconscientemente, sim; mas, não o duvidemos, de maneira real e implacável.

Não há quem não reconheça que a gagueira muitas vezes é consequência da timidez. O que não se reconhece é que esta pode proceder de uma outra gagueira interior, mais profunda: a de quem não se decide pelo sim ou pelo não, pela verdade ou pelo erro, por esta vocação ou por aquela outra, pela felicidade eterna ou pelo nada. E essa indefinição das "almas gagas" vem a dar como resultado, se nos for permitido o fácil trocadilho, "almas gagás", almas decrépitas, esclerosadas, crepusculares. E é no "lusco-fusco", no crepúsculo da indefinição a respeito da verdade suprema, que aparecem os fantasmas que apavoram.

O medo e a ansiedade

Copio um trecho de uma carta que recebi há alguns meses: "Estou passando uns dias esquisitos: ando estranho, nervoso, mexendo-me de um lado para o outro, inquieto. Faz quinze dias que estou assim. Senti uma fisgada no peito e desde então tenho a desagradável sensação de que algo grave vai acontecer comigo. Estou acovardado.

"Ontem fui ao médico e, depois das provas de esforço que me mandou fazer, disse-me que não tinha por que me preocupar, mas a verdade é que continuo ansioso e apavorado. Que devo fazer? Poderíamos conversar pessoalmente?"

Infelizmente, não é um caso isolado. A ansiedade, hoje, é epidêmica. Ainda há pouco tempo, dizia-me um médico que, sem precisar de exames, podia diagnosticar com segurança que 30% dos doentes que iam consultá-lo sofriam de ansiedade. Isto coincide com o que têm revelado as últimas estatísticas sobre esse problema[3].

Mas o que significa a *ansiedade* e qual é o seu parentesco com o medo?

O *medo* é um temor específico, determinado e objetivo em face de algo que, de alguma maneira, vem de *fora de nós* e se aproxima trazendo-nos inquietação, desassossego e alarme. Enquanto não passar de uma simples reação instintiva diante do desconhecido, chega até a ter uma função estimulante: lança adrenalina nas veias, excita a capacidade orgânica. Armando Nogueira, comentarista esportivo do *Jornal do Brasil*, refere-se a este aspecto de maneira expressiva: "O idioma do esporte sempre evitou a palavra *medo*. Prefere uma saída eufemística: fala em tensão, em emoção da estreia. Bobagem — medo é sinal de vida. É um sentimento salutar. A mente avisa o resto do corpo que há

---

(3) E. Rojas, *La ansiedad*, Temas de Hoy, Madri, 1995, p. 26.

perigo por perto, e, se a própria mente não tomar cuidado, o juízo vai-se embotando, os músculos vão-se retesando, o corpo acaba fugindo à luta. É a estação da covardia que se instala na alma humana. Quem não conhece a velha metáfora do 'tirar o corpo fora?' Didi, antes de ser campeão do mundo em 58, não dormia, pensando, sobressaltado, no jogo do dia seguinte. Fosse estreia, fosse final, passava acordado a noite da véspera. Antes do jogo, era uma pilha de nervos. Mas bastava a bola começar a rolar, e ele convertia-se num príncipe de lucidez e sangue frio. Aqui está a chave do problema: é saber transformar em impulso a energia vital que o medo encerra"[4].

Se o medo pode ser um fator positivo, o mesmo não se pode dizer da *ansiedade*. Trata-se também de um temor, mas de um temor difuso, vago, indefinido. Compartilha com o medo a sensação de receio, mas,

---

(4) Armando Nogueira, *Jornal do Brasil*, 21 de fevereiro de 1996, p. 14.

ao passo que no medo isso se produz *por alguma coisa,* na ansiedade não é ocasionado *por nada de concreto.* Assim como no medo se podem tomar providências para afastar o perigo, na ansiedade não se pode seguir nenhum caminho, porque não existe um objetivo contra o qual lutar[5].

Se, por exemplo, no Rio de Janeiro se fizesse uma estatística das probabilidades de que um filho que volta da escola seja atingido por uma bala perdida, veríamos que esta é mínima. Mas, como nos últimos dois anos já morreram nessas circunstâncias algumas crianças — entre as centenas de milhares que vão à escola cada mês —, esse fato atua como um estopim que põe em movimento todo o mundo de temores que o morador das grandes concentrações urbanas parece trazer no fundo do seu cérebro. E por isso que a mãe fica ansiosa quando a criança se atrasa na volta da escola. E, da mesma forma, o disparo de uma pistola, ou o

---

(5) Cf. E. Rojas, *La ansiedad,* p. 25.

ruído de uma violenta freada de carro, ou o toque estridente de uma sirene — seja da polícia ou da ambulância —, ou a notícia de um contágio de Aids, da perda de emprego de um amigo ou de um assalto no bairro vizinho, são o dispositivo que desencadeia o processo de ansiedade que já está incubado dentro das pessoas.

Onde está a causa última? Martelaremos uma e outra vez a mesma ideia: enquanto as pessoas não resolverem as questões fundamentais da existência humana, qualquer bala perdida que ceifou uma vida no meio da rua, qualquer dor no meio da noite desencadeará todo o mecanismo da ansiedade. Parece-nos um exagero?

Enrique Rojas, catedrático de psiquiatria na Universidade de Madri, no seu estudo intitulado *La ansiedad*, faz um sintético inventário desse fenômeno, que resume numa frase significativa: "A ansiedade é um termômetro que nos dá a imagem do homem deste final de século". O que mais chama a atenção nesse inventário é que o autor não escreve como filósofo, historiador ou antropólogo, e muito menos como moralista, mas como psiquiatra experimental, a partir dos casos concretos trazidos ao seu consultório. Fala, por exemplo, do materialismo ou do hedonismo reinantes, não como conjunturas sociais ou atitudes filosóficas ou morais, mas como fatores que causam ansiedade. Eis o que escreve:

"O materialismo — para o qual só conta o que é tangível, o que se toca e se vê — e o hedonismo — cuja bandeira fundamental é o prazer e o bem-estar — terminam sempre deixando insatisfeito o coração humano. Daí brotará uma *vivência do nada* que está muito perto da ansiedade.

"A *permissividade* (não há limites nem lugares proibidos, é preciso provar tudo, curiosear todos os recantos da intimidade humana), o *relativismo* (um marcante subjetivismo em que todos os juízos de valor são flutuantes e relativos), o *consumismo* (que cria seres humanos repletos de coisas, saturados, mas interiormente vazios), vão marcando a rota da ansiedade que acabará por cristalizar-se numa forma especial de melancolia e indiferentismo".

E continua a fazer o elenco das fontes da ansiedade: "A exaltação do *erotismo* e da *pornografia*, inflacionados e servidos *à la carte* (o ser humano rebaixado e reduzido à categoria de objeto), o sexo-máquina (orgia repetitiva e sem mistério), o sexo-consumo (sexo trivializado, convertido em bem de consumo sofisticado que provoca vazio, fartura e cansaço) — tudo isso desemboca na ansiedade. Já não há lutas por causas nobres. Passamos da era das lutas à era da ansiedade".

E acaba por concluir que o homem deste final de século não sabe para onde se dirige, navega à deriva, e "é por essa razão que está incapacitado para o sofrimento (cada vez a dor é mais temida) e para a morte (cada vez há mais hipocondríacos)...

Daí brota a ansiedade em face da menor ameaça de doença, de incomodidade, de fracasso econômico, de perda de beleza, de sintoma de velhice... Mas, em última análise, o que se teme é o desmoronamento e *dissolução do eu,* que é o derradeiro motivo da ansiedade"[6].

Tenho de reconhecer que, ao ler essa obra, senti a alegria de encontrar num estudo meramente experimental as mesmas conclusões que nos legou a doutrina da Igreja, ao recordar-nos que, bem orientada, a nossa vida não acaba, mas se transfere para uma glória sem fim, e que, portanto, não há motivo algum para a insegurança em qualquer de suas formas. É significativo que, no fim do seu estudo, o autor indique precisamente a recuperação do sentido da vida como tratamento fundamental para superar a ansiedade. Cita, em concreto, a orientação propugnada por Viktor Frankl — sucessor de Freud

---

(6) *Ibid.,* pp. 18-22.

na cátedra de psicoterapia da Universidade de Viena — e a sua escola.

Numa das visitas do psiquiatra austríaco ao Rio, um repórter do *Jornal do Brasil* entrevistou-o no Copacabana Palace, onde se hospedava, e perguntou-lhe: "Por que os livros do senhor são *best-seller* em tantos países do mundo?" Frankl respondeu: "Porque falo do sentido da vida, porque através desses livros ajudo as pessoas a recuperar o sentido da sua vida, que é a necessidade primordial do ser humano. Está vendo essa juventude toda na praia? Gente bonita, alegre... Mas a sua alegria é tão superficial como o seu bronzeado. Eu os conheço bem... Uma contrariedade, um fracasso, uma doença, a perda de um ser querido... e caem na depressão, falam em ir ao analista... Falta-lhes um sentido fundamental para a vida e para a morte. Eu curo um doente em três meses fazendo-o encontrar esse sentido"[7].

---

(7) *Jornal do Brasil*, 13 de maio de 1989.

Realmente, como pode haver segurança enquanto não se puder responder a esta pergunta essencial: "Para onde caminho? Qual será o ponto final da minha trajetória terrena?" É evidente que, sem Deus, sem eternidade, o único destino que as pessoas concebem é o aniquilamento total. Como pode viajar feliz e otimista — por mais agradável que seja a travessia — o passageiro que sabe que o avião que o transporta vai espetar-se, no fim, entre os penhascos do Pão de Açúcar? Se a vida humana — por mais longa e prazerosa que seja — vai dissolver-se no nada com a morte, não se tornará por isso mesmo, já desde o início, uma viagem angustiante?

À PROCURA DE SEGURANÇA

Ao longo destas páginas, fomos apontando diversos aspectos desse fenômeno multiforme que, genericamente, denominamos insegurança: o sentimento de inferioridade, a inibição e a ansiedade. Aqui e acolá, foram aflorando algumas soluções que recordaremos agora, novamente, de forma resumida, "amarrando a matéria" (como dizem os professores), e que podem ser aplicadas, na medida conveniente a cada um, a todos os problemas dos quais falamos.

O homem deverá fundamentar a sua segurança principalmente em quatro grandes pilares, que formam a base da sua segurança.

1. Aceitar-se a si mesmo

Há um princípio que paira acima da medicina, da economia, da tática bélica, da engenharia e de tantas outras ciências, mas especialmente das ciências do espírito: *não se supera o que não se reconhece*. É óbvio. Como vamos vencer um inimigo — o invasor, o vírus — se antes não o identificamos? Como podemos levantar os pilares de um viaduto se antes não fazemos um profundo estudo de prospecção do terreno sobre o qual vamos construir? Como se pode edificar uma personalidade segura sobre uma terra pantanosa? Qualquer contrariedade, qualquer ameaça a abalará até os alicerces.

Por outro lado, quem não se aceita *nunca terá a paz que dá a unidade interior*; estará sempre em conflito consigo mesmo: no campo de batalha da sua consciência, estão em guerra permanentemente o homem que ele *é* e o homem que ele *imagina* ou *finge* ser. Daí surgem, evidentemente, os complexos e as inibições.

Lembro-me agora, com toda a nitidez, de um caso que, visto de fora, pode parecer um tanto ridículo, mas que é característico. Um universitário apresentou-me um amigo seu que desejava falar comigo. Antes, disse-me: "Tenha cuidado, ele se melindra facilmente, é um pouco esquisito". Quando o rapaz entrou na minha sala, logo vi todo o "panorama": empertigado, de falar "bonito", pomposo, pausado e meticuloso, e... de estatura muito abaixo do normal. Reparei nos seus sapatos: usava saltos de dimensões descomunais.

Começamos a falar, a comentar as coisas da universidade:

— Há alguma coisa que o preocupe? — perguntei-lhe.

— Não, está tudo bem — respondeu-me, nervoso... Olhei-o demoradamente e ele começou a mexer-se na poltrona.

— Mas vejo que alguma coisa o preocupa — insisti. Ficou ruborizado.

— Bom, sempre há coisas que preocupam ...

— Por exemplo...?

Demorou a responder-me.

— Sinto-me inseguro, inibido..., como se houvesse alguma coisa que não estivesse bem dentro de mim...

— Você sabe que não é esse o problema que o aflige. Há algo mais concreto...

— Será mesmo...? Riu nervosamente.

— É mesmo. Vá, fale; nunca terá uma oportunidade melhor do que esta.

Vi que fazia um grande esforço:

— Acho que tenho complexo de baixo.

Sem querer, escapou-me:

— Você não tem "complexo de baixo"; você é baixo mesmo!

— Mas como é que o senhor me diz uma coisa dessas! Ninguém até hoje se atreveu a falar assim comigo.

— Talvez seja por isso que você diz ter *complexo*. Você sabe que é baixo, que pelas costas todos o chamam de "baixinho", mas não aceita. Estica o pescoço e a coluna, põe esses saltos desproporcionados para dissimular... É isso que faz de você uma pessoa retraída; é isso que transforma um fato natural — que acontece com muitas outras pessoas — num fato *complexo*.

Ficou vermelho, com os olhos brilhantes... Deu-me pena. E um movimento natural de simpatia tomou conta de mim...

— Vamos, não se preocupe, seja sincero, vamos lutar juntos. Você vai ver como solucionamos esse problema rapidinho...

Nesse momento, não lhe foi mais possível conter as lágrimas. Chorou. Desabafou:

— Trago este conflito dentro de mim como se fosse um parafuso espetado na minha cabeça...

— Você verá como em algumas semanas vamos superar isso que o atormentou durante tantos anos...

— O senhor inventou o *elixir* que faz crescer...? — disse, com um riso nervoso e secando as lágrimas. — Que devo fazer?

— Poderia voltar na semana que vem?

— Claro! E... o que mais?

— Tire esses saltos e coloque sapatos normais; não estique o pescoço e fale sempre com a simplicidade com que me está falando agora.

Na semana seguinte, voltou mais tranquilo:

— Estou me sentindo melhor...

— Olhe, Deus permitiu que você nascesse assim. Você é forte, inteligente, ágil. Parece pouco?

Acrescentei uma frase que então era comum no jargão universitário: "Assuma a sua identidade".

— Você tem *pinta* de corredor... Jogou futebol alguma vez?

— Bem, há tempos fui ponta-esquerda..., mas faz tanto tempo que não jogo!...

— Entre no time da faculdade. Treine...

Não demorou a ser selecionado para jogar no time da universidade. Era tão ágil e tão pequeno que quase passava por entre as pernas dos adversários. "O *baixinho* é fogo. Não há quem o pare", comentava um colega. Ficou famoso. Ganhou o apelido de *flecha vermelha.*

Hoje é um bom engenheiro e um bom cristão. Um homem seguro. A sua estatura é um problema que ficou em nono ou décimo lugar na sua escala de valores. Soube tomar o elixir que aumenta a estatura espiritual: aceitar-se como era, dar graças a Deus pelo muito de bom que Ele lhe tinha dado; pedir perdão pelas irritações e revoltas, pelos fingimentos e teatralidades; e caminhar em frente sabendo que, com Deus, um garoto que se chamava Davi derrotou um gigante que se chamava Golias.

Esta aceitação serena da realidade constitui, por assim dizer, a medula de uma virtude básica que não é apanágio exclusivo de determinados ambientes religiosos; é patrimônio do gênero humano. No fundo, é sabedoria, porque representa nada menos que o conhecimento e a aceitação da verdade. É *realismo*.

O realismo de aceitarmos as nossas *limitações* humanas. Acabamos de ver a questão da estatura, mas há muitos outros tipos de limitações que nos afligem. Todos os médicos conhecem o chamado paciente "tigre", que não quer submeter-se às limitações impostas por determinada doença: não fica na cama o tempo prescrito, considera-se apto para qualquer esforço... O mesmo se dá nos demais âmbitos da vida: um quereria ser mais inteligente do que é e insiste em levar adiante uma pós-graduação que está claramente acima das suas forças; aquele faz turnos de trabalho extras e assume dois ou três empregos, sem se conceder o lazer necessário para relaxar, apenas porque teima em ser, aos seus próprios olhos, uma espécie de super-homem; aquele outro sofre desmedidamente com os seus erros no começo da carreira profissional, sem levar em conta que ninguém nasce sabendo seja o que for, e que tudo exige um paciente e lento aprendizado... Tudo isso é não aceitar essa primeira verdade acerca de nós mesmos: *somos limitados* no tempo, no espaço e nas nossas forças e capacidades, sem que isso signifique, de forma alguma, qualquer demérito para nós.

Há também os *defeitos,* aquelas falhas morais que, afinal, todos têm — "ninguém é perfeito" —, mas que não gostamos nem um pouco de encontrar em nós. Sabemos que deveríamos ser sempre verazes, mas uma e outra vez nos escapam aquelas mentirinhas "sociais"; sabemos que deveríamos ser sempre ativos e empreendedores, mas uma e outra vez nos apanhamos a adiar incumbências desagradáveis, a "esticar" um cafezinho ou uma "conversinha" descontraída; sabemos que deveríamos ser sempre pacientes e calmos, mas quando a mulher começa a falar naquele tom irritante de voz... E o mais doloroso nestas coisas é a consciência de que as qualidades que julgamos ter falham em determinadas circunstâncias ou estão pontilhadas de "exceções".

Ora, a palavra "defeito" significa justamente isso: algo que falta, que não está em nós. Acontece conosco, no plano moral, o mesmo que acontece no intelectual: assim como nascemos ignorantes, isto é, carentes de recursos de conhecimento, da mesma forma nascemos defeituosos, isto é, carentes de virtudes morais. Portanto, nada há de anormal em descobrirmos em nós essas carências, ao menos em determinados setores. Aqui, o realismo está em reconhecer com simplicidade que nos faltam estas e aquelas virtudes, em esforçar-nos humildemente por caracterizar bem quais são — por "dar o nome aos bois" —, e, a seguir, em tomar providências concretas para adquiri-las.

Há, por fim, as *culpas,* também elas muitos reais. Hoje em dia, fala-se muito em "sentimentos de culpa", como se fossem qualquer coisa de subjetivo. Não. Devemos ter em mente que, na imensa maioria dos casos, os sentimentos de culpa procedem de *culpas reais,* muito objetivas: de um imperativo moral que infringimos com plena consciência, de uma omissão também clara e grave diante de uma necessidade alheia. Por que razão, diante dos nossos fracassos, tendemos instintivamente a lançar a culpa sobre os outros, sobre as circunstâncias, sobre o ambiente? Quanta sociologia barata não fazemos para tirar das costas uma responsabilidade que é nossa, e só nossa!? E por que recuamos sempre mais e até nos justificamos com "traumas de infância", causados por um "pai tirano"?

Diz-nos a doutrina cristã que, sem uma especial graça de Deus, *ninguém* — nenhum ser humano vivo — está isento de cometer algum pecado venial. Ou seja, precisamos reconhecer que somos *pecadores*, que, diante de Deus, não podemos hoje nem poderemos nunca apresentar uma imagem imaculada. E se não o reconhecermos, não saberemos jamais como é grande o amor desse Deus que nos criou para Ele e que está sempre disposto a acolher-nos de volta. "Quem não reconhece a grandeza das suas culpas não é capaz de reconhecer a grandeza da misericórdia divina", diz-nos São João Crisóstomo.

É desta forma, pela aceitação da nossa condição de pecadores, que seremos capazes de converter a prova mais evidente da nossa miséria e ruindade num reencontro com o Deus de toda a misericórdia, que nos espera de braços abertos no sacramento da Confissão. E no abraço com esse Deus benigno e forte, dissolver-se-á de uma vez por todas tudo o que nos pesava, nos deprimia e angustiava, tudo o que nos fazia experimentar a nossa maldade e o nosso nada.

Aceitar a própria culpa, não ter medo de examinar os próprios atos todos os dias — à luz de Deus —, não só não é deprimente e derrotista, mas é a suprema fonte de segurança, porque nos dá um ponto de partida lúcido e sólido para retificar e reempreender a marcha. A segurança está sempre assentada na terra firme do conhecimento e da aceitação de si próprio. "Só no fundo do abismo de ti mesmo encontrarás onde firmar os pés", escrevia Fénelon[1]. Firmar os pés — para dar o grande salto para a vida. Essa é a plataforma de lançamento da grandiosa aventura que é a existência humana.

2. Perder o medo de errar

Quem se reconhece e se aceita — quem é humilde — não tem medo de errar. Por quê? Porque se, depois de ponderar prudentemente a sua decisão, comete um erro, isso não o surpreende: é próprio da sua condição limitada. São Francisco de Sales dizia-o de uma forma muito expressiva: "Por que surpreender-se de que a miséria seja miserável?"

Lembro-me ainda daquele dia em que subia a encosta das Perdizes, lá em São Paulo, para dar a minha primeira aula na Faculdade Paulista de Direito, da PUC.

---

(1) Fénelon, *Lettres spirituelles,* n. 392, Lefevre, Paris, 1938, p. 394.

Ia virando e revirando a matéria, repetindo conceitos e ideias. Estava nervoso; não sabia que impressão causariam as minhas palavras naqueles alunos de rosto desconhecido... E se me fizessem alguma pergunta a que eu não soubesse responder...? E se, no meio da exposição, eu esquecesse a sequência de ideias...?

Entrei na sala de aula tenso, com um sorriso artificial. Comecei a falar... Estava excessivamente pendente do que dizia e nem olhava para a cara dos alunos. Falei por quarenta e cinco minutos seguidos sem interrupção, sem consultar uma nota sequer.

Percebi, porém, um certo distanciamento da "turma", um certo respeito... Um rapaz, muito comunicativo e inteligente, talvez para superar a distância criada entre o grupo e o professor, aproximou-se e cumprimentou-me: "Parabéns, professor. Que memória! Não consultou em nenhum momento os seus apontamentos... Foi muito interessante..."

Respirei... Mas, desconfiado, quis saber: "Você entendeu o que eu disse?" Admirou-se com a minha pergunta: não a esperava. Sorrindo, encabulado, confessou: "Entendi muito pouco... E, pelo que pude observar, a turma entendeu menos ainda".

A lição estava clara: dei a aula para mim e não para eles. Dei a aula para demonstrar que estava capacitado, mas não para ensinar. Faltara descontração, didática, empatia; não fizera nenhuma pausa, nenhuma pergunta... Fora tudo *academicamente perfeito,* como um belo cadáver... Um fracasso.

Lembro-me também de que, quando descia a encosta, fiz o propósito de tentar ser mais humilde, de preparar um esquema mais simples, de perder o medo de errar, esse medo que me deixara tão tenso e tão cansado... De pensar mais nos meus alunos e menos na imagem que pudessem fazer de mim... E se me fizessem uma pergunta a que não soubesse responder..., que diria? Pois bem, diria a verdade..., que precisava estudar a questão com mais calma e, na próxima aula, responderia... Simples assim...

Que tranquilidade a minha ao subir a encosta no dia seguinte!... E que agradecimento o dos alunos ao verem a minha atitude mais solta, mais desinibida, mais simpática!

Uma lição que tive de *reaprender* muitas vezes ao longo da minha vida de professor e de sacerdote: a simplicidade, a transparência, a espontaneidade são o melhor remédio para a tensão e a timidez, e o recurso mais eficaz para que as nossas palavras e os nossos desejos de fazer o bem tenham eco. Não olhemos as pupilas alheias como se fossem um espelho no qual se reflita a nossa própria imagem; não estejamos pendentes da resposta que esse espelho possa dar às perguntas que a nossa vaidade formula continuamente: "O que é que você pensa de mim? Gostou da colocação que fiz?" Tudo isso é raquítico, decadente, cheira ao mofo do próprio *Eu*, imobiliza e retrai, inibe e tranca a espontaneidade. Percamos o medo de errar, e erraremos menos.

3. *Confiar em Deus*

A nossa fraqueza reclama a fortaleza de Deus. Inezita Barroso, em uma das músicas do folclore brasileiro, cantava: "Um homem sem Deus é como um filho sem pai, como um faminto sem pão, como um morro sem batucada".

Uma criança órfã, perdida na vida, sente medo de tudo e de todos. O homem dos nossos dias, que enfrenta o advento do Terceiro Milênio, de uma cultura que se esvai de costas para Deus, parece sofrer do desamparo da orfandade. Isolado, individualista, autossuficiente, é extremamente vulnerável. A frustração, o fracasso, a solidão, a doença, a dor pairam continuamente por cima da sua cabeça como uma espada de Dâmocles. Parece submetido à arbitrariedade de um destino cego. E isso o apavora, como se apavora uma criança abandonada.

É isso o que provoca, em última instância, a ansiedade. Porque esse sentimento — como todas as outras manifestações de insegurança — surge quando o homem não encontra os elementos necessários para defender a sua frágil vulnerabilidade.

A investigação fenomenológica atual foi, pouco a pouco, pondo de manifesto que a ansiedade aparece onde falta o sentimento ou a vivência daquilo que os alemães chamam *Geborgenheit* e que se pode traduzir por "amparo afetivo". A sua expressão mais característica, mais genuína, é a do *amor paterno e materno*[2]. Mas o pai e a mãe, que nos deram a vida e nos protegem no ambiente familiar, não têm o poder de libertar-nos dos perigos que nos rodeiam num universo agressivo

---

(2) Cf. J. B. Torelló, *Psicologia aberta*, Quadrante, São Paulo, 1987.

e egoísta. Para que esse "amparo afetivo" nos cubra como uma grande cúpula protetora, tem que ser tão amplo que abranja as circunstâncias aleatórias e os eventos cósmicos. E isso, só Deus pode proporcionar.

Deus é Pai. É a origem e o sustentador da nossa existência: *Nele vivemos, nos movemos e somos!* (At 17, 18). Um verdadeiro cristão vive no regaço de Deus — que é para ele "papai" e "mamãe" —, sente-se carinhosamente protegido, seguro, como um "bebê" no colo da mãe. Entende muito bem aquelas palavras do Senhor: *Pode a mulher esquecer-se daquele que amamenta, nela ter ternura pelo filho das suas entranhas? Contudo, mesmo que ela se esquecesse, Eu nunca me esquecerei de ti* (Is 49, 15). E a realidade que contêm estas palavras comunicam-lhe uma segurança que dissipa todos os medos e ansiedades.

Deus, sem dúvida, tem uma realidade objetiva, mas tem também uma ressonância subjetiva muito profunda. Quando se acredita que Ele é Pai, um Pai amoroso que nos ama muito mais do que nos podem amar todos os pais e todas as mães do mundo juntos, sentimos realmente um sentimento íntimo de "amparo materno e paterno" de dimensões universais. Quando a fé passa da cabeça para o coração, da *psiqué* para o *soma,* o corpo e a alma experimentam uma paz que ultrapassa todo o entendimento humano. Quando a palavra do Senhor que nos diz: *No mundo haveis de ter tribulações, mas confiai: Eu venci o mundo* (Jo 16, 33), penetra a fundo na nossa vida, invade-nos como que uma segurança inabalável, mudam as perspectivas da alma e também — por que não? — a química do corpo: sentimos uma serenidade que não se consegue alcançar nem com filosofias de "pensamento positivo" nem com os "fármacos" da última geração.

A ansiedade, sem dúvida, pode ter um fundo biológico — e nesse caso é necessário ir ao médico —, mas na maior parte das vezes é consequência de uma profunda falta de fé. Há muitos cristãos angustiados porque há muitos cristãos mornos, tíbios. Na realidade, há uma relação inversamente proporcional entre a fé e a ansiedade: mais ansiedade, menos fé; mais fé, menos ansiedade.

"Que confiança, que descanso e que otimismo vos dará, no meio das dificuldades, sentir-vos filhos de um Pai que tudo sabe e que tudo pode!"[3] Que sentimento de paz e de serenidade, de segurança, nos transmite sentir que, por exemplo, as palavras dirigidas por Nossa Senhora de Guadalupe ao índio Juan Diego podem também ter por endereço o nosso coração: "Escuta, e guarda-o no teu coração, meu filho o menor, que o que te assusta e te aflige é nada. Não se perturbe o teu rosto nem o teu coração, não temas esta doença, nem

---

(3) São Josemaria Escrivá, *Carta* de 19 de janeiro de 1959, citado em François Gondrand, *Al paso de Dios*, Madri, 1984, p. 67.

nenhuma outra doença ou coisa dolorosa e aflitiva. Não estou eu aqui, eu que sou tua Mãe? Não estás sob a minha sombra e resguardo? Não sou eu a fonte da tua alegria? Não estás debaixo do meu manto e em meus braços? Por acaso tens necessidade de alguma outra coisa? Nada te aflija ou te perturbe..."[4]

Se queremos ter algum complexo, tenhamos o autêntico e nobre "complexo de superioridade" dos filhos de Deus. Temos de saber pisar esta terra como o príncipe pisa os tapetes do palácio de seu pai, o rei, porque o nosso Pai, o Rei dos céus e da terra, é o dono desse outro palácio que tem como teto as estrelas e como chão o esplêndido tapete dos campos floridos e da infinita policromia das florestas[5].

---

(4) Cf. Francisco Ansón, O *mistério de Guadalupe*, Quadrante, São Paulo, 1990, p. 21.

(5) Cf. São Josemaria Escrivá, *Forja*, Quadrante, São Paulo, 1986, n. 337; *Caminho*, 9ª ed., Quadrante, São Paulo, 1999, n. 256.

4. Abrir-se aos outros

É evidente que superar a insegurança — como vimos antes — implica um esquecimento de si próprio. A preocupação obsessiva com o sucesso pessoal, o contínuo retorno ao próprio *Eu,* é o que traz consigo o medo do fracasso.

Mas ninguém é capaz de viver no simples esvaziamento interior: ou pensa em si, ou pensa nos outros; ou se ama a si de forma desordenada — e isso é egoísmo —, ou, esquecido de si, ocupa-se dos outros — e isso é amor. Por esta razão poderíamos afirmar que só se perde o medo de errar, de comprometer-se, de dar-se, quando está em jogo um motivo superior, e esse motivo é o amor. *Quem tem medo não é perfeito no amor* (2 Jo 4, 18), diz-nos ninguém menos que o Apóstolo João, o "discípulo amado que tanto amou", e que superou os estreitos horizontes do mar de Tiberíades para ganhar, sem medo, os altos horizontes do Mediterrâneo e do mundo inteiro.

Tal como na desintegração do átomo, a abertura do *Eu* para o amor libera uma imensa força energética que faz explodir todos os estranhos "mecanismos de defesa" dos neuróticos, medrosos e complexados.

Os seres humanos que vivem um amor solidário superam rapidamente as suas inibições. Entregam-se uns aos outros. Criam uma rede de liames fortes que sustentam as fraquezas e revigoram as limitações, uma corrente em que os elos se interligam com solidez para formarem um todo inquebrantável e seguro.

A Sagrada Escritura diz isso de uma forma muito bela: *O irmão que ajuda o irmão é como uma cidade amuralhada* (cf. Pr 18, 19). Talvez, em sentido contrário, a falta de união fraternal, produzida pela crise da instituição familiar, tenha propiciado a proliferação de tantos jovens inibidos, isolados, deprimidos, misantropos, que povoam as escolas e universidades. O amor é a motivação mais forte para ousar e é, ao mesmo tempo, a trama mais forte para nos segurar.

Sem dúvida, é preciso ter coragem para amar, para romper a carapaça inibidora. Porém, por sua vez, o amor é uma fonte copiosa de coragem. É interessante constatar que Adler e a sua escola indicam, como remédio fundamental para vencer a inibição e o complexo de inferioridade, a renúncia ao egocentrismo por meio do amor. Utilizam uma expressão característica: a coragem do dom de si, *Mut Zur Hingabe*[6].

A coragem para amar traz consigo o amor que dá coragem.

Mas é necessário o impulso inicial da coragem; cumpre agarrar a consciência pela gola e gritar-lhe: "Pare com isso, pare com essa excessiva preocupação pela sua imagem; pare com essa mania de pensar tanto em si mesmo; pare com esse

---

(6) Cf. J. B. Torelló, *Psicanálise ou confissão?*, Aster, Lisboa, 1967, p. 76.

egocentrismo ostracista que o mergulha na solidão; tenha a coragem de esquecer-se de si próprio, de pensar mais na felicidade alheia; tenha a coragem de amar, de dar-se!"

Este primeiro esforço para abrir-se vai alargando pouco a pouco as estreitas fendas de comunicação da carapaça inibidora, deixa entrar os raios luminosos do amor, e imperceptivelmente infunde coragem... Amor chama coragem, coragem chama amor, repetimos, até que, depois de um processo progressivo, de repente a carapaça se quebra... E o amor brota aos borbotões, a intimidade de um ser flui para a intimidade do outro como um rio de paz e de alegria, a vibração se comunica... Nasce um homem novo, que sente algo que até então não tinha experimentado: a alegria de viver, de caminhar a passos largos pela vida, de rir às gargalhadas, de abraçar e deixar-se abraçar.

Diríamos, parafraseando Jorge Manrique:

*O amor é uma força tão forte
que força toda a razão.
É mais forte do que a morte!
É uma força de tal sorte
que impulsiona para diante
e dilata o coração.*

Queremos superar as inibições e os complexos? Comecemos a tecer e entretecer os pequenos fios do amor fraterno e da amizade. Esses finos liames formarão uma verdadeira rede de sustentação que nos tornará firmes e seguros.

A CORAGEM

A importância da coragem

Até hoje não conheci ninguém que, ao menos em algumas situações da vida, não experimentasse inibições, sentimentos de inferioridade, medo e ansiedade. No entanto, conheci muitos homens extremamente corajosos.

Como se explica essa aparente contradição? É que os homens corajosos lutam todos os dias por superar as apreensões e medos que vivem incrustados nos cantos mais escondidos do seu ser. E assim, pouco a pouco, vão adquirindo a virtude da valentia. São Francisco de Sales costumava dizer que "os mais capazes não são os menos defeituosos, mas os mais corajosos". É necessário, sem dúvida, viver essa "justa medida" entre o medo e a temeridade de que fala tão claramente a *Ética a Nicômaco*[1] e a que nos referiremos mais adiante. Mas não podemos esquecer a verdade subjacente naquele provérbio muito popular em alguns países: "O mundo é de Deus, e Deus o aluga aos valentes"[2].

A valentia não é uma virtude de "acabamento"; é uma qualidade necessária para o "arranque" da vida, indispensável para a energia do "arremesso inicial" de qualquer empreendimento. Os aviões gastam uma quantidade enorme de combustível na decolagem. Quando não se injeta suficiente energia nas turbinas, não ganham altura, e o início do voo torna-se extremamente perigoso.

O mesmo acontece com a vida. Um início tímido muitas vezes representa a impossibilidade posterior de "ganhar altura"

---

(1) Aristóteles, *Ética a Nicômaco*, Nova Cultural, São Paulo, 1987, nn. 6 e 7.

(2) Cf. São Josemaria Escrivá, *Sulco*, Quadrante, São Paulo, 1987, n. 99.

profissional, familiar e, sobretudo, espiritual. E a alma — como uma aeronave vacilante — passa roçando pelas montanhas da vida, correndo o risco de um impacto mortal.

A importância da coragem decorre, pois, de uma verdade fundamental: é a melhor — se não a única — maneira de lutar contra a angustiante insegurança que tolda a vida de negros presságios. É preciso valentia para enfrentar a vida, e a única maneira de conquistá-la é enfrentar a vida com valentia. Disraeli, o grande primeiro-ministro da Inglaterra, que teve de enfrentar com valentia o preconceito da sua condição judaica, gostava de dizer: "A vida é muito curta para que a encurtemos ainda mais com a nossa visão temerosa e mesquinha".

Verdadeiras e falsas valentias

Sabemos que nem toda ação audaciosa corresponde a uma conduta propriamente corajosa. Há ações audaciosas que são fruto de atitudes absolutamente reprováveis. Poderíamos, pois, perguntar-nos: qual é o critério para distinguir a temeridade, a imprudência, a inconsciência e a insensibilidade da verdadeira ação corajosa, que é sempre prudente e equilibrada?

Devemos procurar esse critério nas circunstâncias que rodeiam cada ação e, especialmente, nos motivos e nas finalidades de quem atua. Encontramos em Aristóteles um exemplo interessante dessa distinção: "O temerário é um arrogante, um mero simulador de valentia. O bravo *é* corajoso; o temerário deseja *parecer* corajoso. Daí que a coragem do temerário oscile entre a valentia e a covardia, de acordo com a admiração que a sua ação possa despertar"[3].

As bravatas do valentão de rua, as atitudes teatrais dos Pedros que cortam orelhas num arrebatamento passageiro não representam o verdadeiro perfil do corajoso.

---

(3) Cf. Aristóteles, *Ética a Nicômaco*, Nova Cultura, São Paulo, 1987, n. 7.

E esses exemplos podem lançar luz sobre muitos outros fatores que determinam as nossas ações. Assim como um comportamento corajoso na aparência pode ser motivado pela *ânsia da notoriedade,* também pode ser motivado pelo *ódio,* pelo *ciúme,* pela *inveja* ou pelo *espírito de vingança,* que confundem a inteligência, impedindo-a de ponderar o perigo e chegando até a suplantar o instinto de conservação; ou pela *ignorância,* pela *falta de experiência* ou de *ponderação,* de maneira que não se tenha consciência do perigo que os nossos atos acarretam. Mas pode ser também motivado — e neste caso encontramos a verdadeira coragem — por um legítimo *devotamento a um ideal,* a uma causa em que a dimensão do risco seja proporcional à grandeza do objetivo.

Torelló escreve com precisão: "O risco assumido pela valentia só é humano e valioso em função da pessoa ou da verdade a que se dedica. O homem intrépido e forte expõe-se consciente e livremente ao perigo, e até ao perigo da morte, mas a serviço de valores superiores; terá que ser razoável se quiser ser forte. A estupidez nunca é virtuosa; e é estúpido, por exemplo, arriscar a vida por uma honraria tola. É a *causa* que faz o mártir, não a *pena* sofrida enquanto tal"[4].

O corajoso não nasce; faz-se

A valentia não é algo que se tenha; é algo que se adquire.

É certo que há homens cujo temperamento impulsiona essa virtude, e outros que parecem naturalmente orientados para a inibição e o temor, mas todos trazemos dentro de nós um homem valente como um leão e covarde como uma galinha.

Todos sentimos medo da dor, do fracasso, da crítica maldosa, da doença e da morte, mas todos soubemos também, num grau maior ou menor, defender alguma vez a

---

(4) J. B. Torelló, *Psicologia aberta*, Quadrante, São Paulo, 1987, p. 142.

honra dos nossos pais e os nossos próprios direitos. Às vezes, surpreendem atitudes extremamente corajosas em pessoas pacatas, como um simples camponês ao ver invadidos os seus palmos de terra ou uma mãe na hora de defender os seus filhos.

Homem valente é aquele em quem a coragem prevalece sobre o medo. É por isso que Aristóteles sublinha que "os bravos, embora temam também as coisas pavorosas que assustam todos os mortais, enfrentam-nas como devem e como o prescrevem as regras da honra"[5].

Não há, pois, ninguém que detenha a coragem em estado puro. Não se encontra na palma da mão; está escondida nos mais profundos recantos do coração, como uma mina oculta que deve ser descoberta e explorada. Encontrar nos redutos da alma a coragem e potenciá-la a um alto grau é tarefa de muita importância. Diríamos mais:

---

(5) Aristóteles, *Ética a Nicômaco*, Nova Cultura, São Paulo, 1987, n. 7.

é uma condição indispensável para sermos *homens* — no sentido pleno da palavra.

A coragem cria aquilo que o pensamento clássico denominava *vis*, isto é, *força de ânimo*. A palavra *vir*, "homem", "varão", que deu origem ao termo *virilidade*, "hombridade", procede dessa mesma raiz etimológica: se não há força de ânimo — coragem —, não há virilidade, hombridade. Sem coragem, talvez se possa chegar a ser um profissional liberal, comerciante ou funcionário público tecnicamente competente, mas não se poderá chegar a ser plenamente *homem*. "A inibição é a morte da virilidade", dizia Lacordaire. E Davi, ao morrer, deixou ao filho Salomão este emocionante legado: *Esta vir!*, "Seja homem, meu filho"; seja homem, seja corajoso! (cf. 1 Rs 2, 2).

Estou-me referindo a metade da população terrestre, mas não por descaso para com a outra metade. A coragem da mulher reside também na essência da sua *feminilidade*. Sem necessidade de evocar as grandes figuras bíblicas — como Ester, Judite e

Débora —, e sem pretender esgotar o significado emblemático superior que representa a presença de Maria e das santas mulheres ao pé da Cruz, em contraste com a medrosa fuga dos homens, gostaria de lembrar não apenas os sofrimentos de uma mãe na hora do parto, mas também a sua atitude corajosa ao pé da cama do marido ou do filho doente, a sua postura paciente nas longas vigílias à espera dos viajantes, o valoroso modo de proceder da enfermeira e da religiosa, que permanecem numa dedicação inesgotável à beira dos doentes terminais nas frias salas hospitalares... Mas a mulher é sempre mais valente que o homem quando se deixa possuir por essa qualidade que é característica primordial da feminilidade: o seu amor apaixonado. Não poderemos prever nunca até que graus de heroísmo chega uma mulher apaixonada.

A coragem de viver e de pensar

O primeiro traço indicativo da coragem não é algo excepcional, epopeico, que arranque gritos de admiração; é algo tão corriqueiro como viver. Viver, simplesmente viver com dignidade, já é um ato de coragem. Viver primeiro como seres racionais..., com o aprumo de quem se deixa guiar pela razão e não pelos instintos ou interesses egoístas. Viver, em segundo lugar, como filhos de Deus, com a dignidade de quem se sabe da família de Deus.

Mas isso exige coragem?, poderíamos perguntar-nos. Sim, e muita. A coragem de assumirmos a nossa identidade num mundo de antivalores, que classifica os homens pelo saldo da conta bancária, pelo grau de prazer que experimentam ou pelo êxito que conseguem; a coragem de caminharmos verticalmente — como bípedes racionais — quando nos vemos rodeados de espécimes que "vivem de quatro", numa atitude horizontal e rasteira que só acredita no que vê e toca; a coragem de rompermos a carapaça em que nos encerra o nosso egocentrismo e de nos abrirmos para as necessidades e a dor dos nossos semelhantes, que talvez vegetem num mundo sem motivações e sem amor... Isso exige uma grande coragem.

Esse *viver* implica, antes de mais nada, uma profunda consciência da vida, esse *sapere aude* — "ousa saber" — do pensamento clássico que consiste na "audácia de abrir os olhos à realidade"[6], a essa realidade que está muitas vezes encoberta sob as placas translúcidas e deformantes das conveniências pessoais ou dos preconceitos e convencionalismos sociais.

No homem "dopado" pela opinião pública, atrofia-se pouco a pouco a capacidade de pensar, e esse homem acaba sofrendo de uma doença muito comum entre os frequentadores assíduos da televisão, de suas novelas e programas de variedades: a *anemia cerebral*. Não pensa, é pensado; não age, é (co)agido; não vive, é vivido. Aliás, eis mais uma forma de covardia:

---

(6) Cf. J. B. Torelló, *Psicologia aberta*, Quadrante, São Paulo, 1987, p. 139.

viver em "tempos verbais passivos", atrelado ao pensamento majoritário.

A falsa prudência dirá que, *pro bano pacis,* para não criar caso, é melhor curvarmo-nos a essa ditadura da maioria e pagar o preço do resgate — que é "fazer média" nos critérios e nas ações — porque somos "reféns" da opinião que está na "onda", que nos confere ou deixa de conferir o cobiçado título de "arejados", de "modernos", e até — paradoxalmente — de "autênticos"...

Não, um cristão autêntico não pode limitar-se a "administrar" as circunstâncias; tem de construí-las. Vai à frente, abrindo caminho. Não se dobra perante os imperativos da época. Mas, para isso, precisa remar contra a corrente, precisa saber pensar com autonomia e, se for o caso, precisa dizer *não!*

Na década de 1960, quando Nikita Khruschev, presidente da Rússia comunista, visitou os Estados Unidos, foi abordado por um numeroso grupo de jornalistas. A primeira pergunta que lhe fizeram foi:

"Hoje o senhor critica ferozmente o odioso regime do seu antecessor Stálin. Mas, durante esse regime, o senhor foi um dos seus mais íntimos colaboradores. Que fazia o senhor naquela época?" Khruschev ficou vermelho de cólera e contra-atacou, gritando: "Quem perguntou isso?" Os quinhentos jornalistas reunidos no salão da entrevista ficaram mudos como uma parede. "Quem perguntou isso?", insistiu, furioso. Silêncio. Então disse: "Isso que vocês fazem agora era o que eu mesmo fazia: calar-me!"

Pensar com a própria cabeça, formar convicções sólidas que comandem o viver e indiquem como posicionar-se perante o mundo, sejam quais forem os ventos que soprem ou os riscos que se corram — isso é ser homem, isso exige coragem. Para um cristão, é o primeiro sinal da verdadeira coragem: a coragem de pensar e de viver a vida como destino pessoal e intransferível, esse dom superior que Deus outorga a cada ser humano!

A coragem de decidir-se

Uma das atitudes mais importantes da virtude da valentia é *decidir-se*. E ela representa um risco, simplesmente porque toda decisão se faz sobre imponderáveis, porque representa sempre, até certo ponto, um "salto no escuro". É verdade que devemos agir com prudência, mas também é verdade que há prudências que são simples covardias.

Em seu delicioso ensaio *A pintura como passatempo*, Winston Churchill, o grande *premier* inglês da segunda Guerra Mundial, que mostrou à Inglaterra e ao mundo a coragem de resistir ao pavoroso ataque alemão, compara o pintor diante da tela ao guerreiro diante do campo de batalha e ao jovem diante das grandes escolhas da vida.

Aquele que chegou a ser, além de estadista, um pintor de certo nome, conta-nos a sua primeira experiência diante da tela branca:

Com cuidado, misturo um pouco de tinta azul numa palheta com um pincel bem pequenino, e a seguir, com infinita precaução, faço na tela virgem um ponto do tamanho de um feijão. Foi um desafio deliberado, mas tão suave, tão cataléptico que não mereceu resposta. Nessa altura, chega a talentosa esposa de Sir John Lavery: — "Pintando?! Mas, que está esperando? Dê-me o pincel — o grande!" Derrama a terebintina, mistura violentamente o azul e o branco, gira freneticamente a palheta — agora já bem suja — e, com várias pinceladas fortes de azul, pinta a tela absolutamente acovardada...

A tela à minha frente mostra os dentes num sorriso forçado, desamparado. Quebrou-se o encanto. As inibições doentias caíram por terra. Procurei o maior pincel que possuía e derramei a minha fúria sobre a vítima. *Nunca mais tive medo de uma tela*.

A vida é como essa tela branca. É preciso enfrentá-la sem medo! O historiador Carlyle dizia que "o primeiro dever do homem ainda é o de vencer o medo"! Nós acrescentaríamos que o segundo dever, depois de superar o medo, é *atirar-se na vida!* É preciso enfrentar a vida com o pincel grande! Sem medo de errar. Se errarmos, retificaremos. Só não podemos retificar o que não existe, o nada. E é ao nada que nos condena a inércia provocada pelo medo. Os insuperáveis quadros de Velázquez guardam no seu fundo — só descoberto pelos raios X — inúmeras tentativas frustradas ou esboços iniciais retificados. Retificar é fantástico.

As pessoas que têm medo das iniciativas, que vivem submersas em inibições, ansiedades, dúvidas e perplexidades, que titubeiam diante das decisões, não têm o estofo de uma personalidade forte. Na vida dos homens que ficaram na história observa-se com frequência que o seu destino foi marcado por duas ou três — repetindo a redundância — *decisões decisivas.*

Basta recordar os conhecidíssimos exemplos de Alexandre Magno ou de

Colombo: diante das dificuldades que todos tinham para desatar o nó górdio, Alexandre — diz a lenda — simplesmente brandiu a espada e o cortou ao meio. O mesmo contam que fez Colombo para pôr de pé o ovo; todos o tinham tentado sem consegui-lo, mas para ele foi fácil: espetou-o de um só golpe na mesa.

Não há vida que não esteja tecida de dilemas e conflitos que é preciso enfrentar continuamente e que exigem de nós uma opção. Ou nos acostumamos a tomar decisões ou nos transformaremos em homens instáveis, de atitudes indefinidas. Em determinada conjuntura, apresentar-se-ão várias soluções igualmente razoáveis, nenhuma das quais, no entanto, é perfeita. Nessas circunstâncias, a única coisa que não podemos fazer é cair na perplexidade, ficarmos parados, indecisos, à espera de nos sentirmos bem-dispostos ou preparados. Se ficarmos inertes, esperando o momento oportuno, o mais provável é que descubramos que nunca chegará. Esperando, esperando, "matando o tempo", perdendo as pequenas oportunidades concretas, terminamos perdendo o trem das grandes... E em vez de "matar o tempo", matamos a vida.

Um presidente americano, muito bem-sucedido, afirmava que uma decisão imperfeita levada à prática com determinação e garra dá mais resultado do que uma decisão perfeita, mas executada de modo titubeante ou medíocre. Neste sentido, a decisão vale mais do que a precisão.

Acrescentava ainda esse presidente, para tirar o medo dos cronicamente hesitantes, que ele se dava por muito satisfeito por ter acertado em apenas 60% das suas decisões. Perguntemo-nos: sei tomar decisões? O medo de errar ou o perfeccionismo — a "mania" de querer acertar sempre nos mínimos detalhes — levam-me a um estado de perplexidade que me torna ineficaz? Sei assumir os meus erros com serenidade e depois retificar? Procuro empenhar-me com determinação e tenacidade na execução das minhas decisões?

A coragem das grandes decisões

Se a coragem ajuda nas pequenas decisões, nas grandes é indispensável. Quantos grandes destinos deixaram de ser abraçados por covardia!

Uma vocação de altura exige, sem dúvida, renúncia e sacrifício, mas traz consigo uma alegria e uma plenitude infinitamente maiores. Pois bem, os covardes não acolhem as altas responsabilidades porque tendem a reparar mais nas dificuldades do que nas alegrias; do ponto de vista cristão, estão mais empenhados em levar uma "vidinha fácil" do que em seguir uma vocação divina. Tornamos as coisas muito difíceis quando temos medo de assumi-las. Com a sobriedade e a precisão que o caracterizam, Sêneca sintetizou esta ideia numa sentença magistral: *Multa non quia difficilia sunt non audemus, sed quia non audemus sunt difficilia,* "Não é que não ousemos muitas coisas porque são difíceis; são difíceis porque não as ousamos"[7].

Quando nos abrimos aos grandes destinos, a esperança corajosa escancara possibilidades, aumenta as forças, incentiva as energias, catalisa a capacidade, revitaliza o ânimo, fortalece o espírito de luta e termina, assim, por criar condições favoráveis ao bom resultado do empreendimento. O que parecia difícil torna-se acessível — depois de uma animosa resolução. Os destemidos, escreve Virgílio na *Eneida,* "podem porque veem que podem" (*possunt quia posse videntur*)[8]. A virtude da valentia faz-nos ver que podemos, e essa persuasão dá-nos forças para podermos efetivamente. O covarde está derrotado antes de começar a batalha da vida. O valente já tem, antes do combate, metade da vitória nas mãos.

---

(7) Sêneca, *Epist.*, 104, 26.

(8) Virgílio, *Eneida*, 5, 231.

William Bennett expressa uma parte dessa verdade quando diz que "a autêntica covardia está selada pelo ceticismo crônico que, diante de qualquer empreendimento, diz: *Não é possível*. Perde o que há de melhor aquele que diz: 'Não é possível'. O mundo dormiria se fosse dirigido por homens que dizem: 'Não é possível'"[9].

Esta ideia circunda todas as grandes decisões. Há sempre dentro de nós, em face das grandes vocações, uma voz que nos diz não ser possível. Aconteceu assim quando o profeta Jeremias foi chamado pelo Senhor. *Foi-me dirigida nestes termos a palavra do Senhor: "Antes que fosses formado no seio da tua mãe, Eu já te conhecia; antes do teu nascimento, Eu já te havia consagrado e te havia designado como profeta das nações". E eu respondi: "Ah! Senhor Javé, eu nem sei falar, pois sou apenas uma criança". O Senhor,*

---

(9) W. Bennett, O *livro das virtudes*, Nova Fronteira, Rio de Janeiro, 1995, pp. 396-397.

porém, replicou-me: "Não digas: 'Sou apenas uma criança', porque irás procurar todos aqueles aos quais Eu te enviar, e a eles dirás o que Eu te ordenei. Não os deverás temer porque estarei contigo para livrar--te — palavra do Senhor".

Jeremias força artificialmente a gagueira, evidência da sua insegurança; mas o Senhor, que conhece o homem no mais íntimo do seu ser, recrimina-o e compromete--se a dar-lhe forças. E Jeremias arranca a sua gagueira postiça, o medroso "não é possível", e cumpre com o poder de Deus a sua grande missão: *E o Senhor, estendendo em seguida a sua mão, tocou-me na boca. E falou-me assim: "Eis que coloco as minhas palavras nos teus lábios. Vê: dou-te poder sobre as nações e sobre os reinos, para arrancares e demolires, para edificares e plantares. Desde hoje, faço de ti uma fortaleza, coluna de ferro e muro de bronze. Eles te combaterão, mas não conseguirão vencer--te porque Eu estou contigo para livrar-te"* (Jr 1, 4-18).

Faz algum tempo, contava numa palestra dada a um grupo de profissionais a história de Pizarro. Comentava que, sem entrar no mérito do seu comportamento global, cumpria destacar a sua bravura.

Num momento da sua vida, quando, diante da monumental empresa de adentrar-se num país imenso e desconhecido, observou o medo estampado no rosto dos seus soldados, tomou uma decisão histórica: traçou com a espada um longo risco na terra e depois, dirigindo-se aos seus homens, disse com firmeza: "Aqui, atrás de nós, aquém da risca, está o terreno conhecido, a vida tranquila e sossegada, a segurança de uma existência sem problemas. Ali, diante de nós, encontraremos perigos e dificuldades desconhecidos, uma vida dura e incerta, cheia de privações e de sacrifícios, mas também teremos a honra de ser os primeiros a desbravar essas florestas e a glória de conquistar novas terras para a nossa Pátria. Quem tiver coragem, que me siga!" E cruzou o risco.

Só dez homens o acompanharam. Um grupo tão pequeno conquistou terras imensas... nada menos que o império dos incas. Foram chamados os *dez da fama*.

Nós também deveríamos pensar, em determinados momentos da vida, que o destino — na verdade, a Providência divina — traça diante de nós essa linha divisória entre a mediocridade e a magnanimidade, entre a vida já conhecida, mastigada e digerida pela maioria, e essa outra original, que exige de nós o esforço da criatividade pessoal, a entrega do mais fácil em troca do mais elevado..., numa palavra, uma decisão corajosa.

A coragem na vida cotidiana

Só há poucos homens — comentava naquela palestra a que me referia há pouco — que são capazes de ultrapassar essa linha divisória que separa os pusilânimes daqueles que optam por assumir os riscos da sua intransferível filiação divina. Mas não podemos pensar que a valentia seja uma virtude reservada para os momentos solenes das biografias notáveis ou para as páginas gloriosas dos grandes vultos da história. A valentia é para ser exercitada por todos e em todos os momentos da vida.

Depois da palestra, um dos participantes, engenheiro — lembro-me bem dele, com a sua barba e cabelos pretos emoldurando um rosto simpático e alegre —, disse-me, já na despedida: "Entendi muito bem o que o senhor quis comunicar-nos. Quantas vezes já me disse a mim mesmo: 'É hoje!; hoje você tem que mudar; hoje você tem que se determinar a deixar essa sua vidinha mole de poltrão'... Sim, sentia literalmente que alguém riscava diante de mim essa linha divisória... e eu a ultrapassava..., mas depois voltava atrás e ficava desanimado... Após um ou dois meses, novamente a vida riscava uma outra linha... Meu Deus, e eu novamente 'topava a parada'..., e outra vez recuava covardemente. Sabe como me sinto? 'Todo riscado'; pareço uma *zebra*. Sim — disse-me, rindo —

tenho a impressão de que a minha vida está dando 'zebra'!"

Rimos juntos. Depois, muito sério, perguntou-me:

— Que fazer? Como conseguir essa coragem?

— Olhe, não se trata de fazer propósitos "faraônicos", de traçar "linhas heroicas"... Por que não proceder de um modo mais humano e mais inteligente, por meio de um plano inclinado progressivamente ascendente? Tome agora a decisão de não esmorecer na procura desse grande ideal que lhe vai indicando a linha divisória, não deserte do "cume", mas divida a ascensão em muitas etapas pequenas, como fazem os montanhistas para alcançar os picos mais altos. A cada dia, uma pequena meta, um pequeno propósito... Se falhar nesse propósito, não faz mal; no dia seguinte, volte a recuperar o terreno perdido. Mas sempre olhando para o cume: o cume tem que ser a sua meta, o cume alto e glorioso tem que dar sentido a cada passo pequeno e tedioso...

O jovem engenheiro seguiu o conselho. Depois de dez anos de luta, casado e com vários filhos, com uma posição profissional invejável, dizia-me exultante:

— Agora compreendi aquele ponto de *Caminho* que diz: "Já paraste a considerar a enorme soma que podem vir a dar muitos poucos?"[10]; e também aquele ensinamento evangélico: *Quem é fiel no pouco, também o será no muito* (Lc 16, 10).

O exemplo desse engenheiro poderia aplicar-se a todos nós. Gostamos do espetáculo, das decisões e empreendimentos "heroicos" — chamam a atenção, são empolgantes —, mas depois desanimamos. Subimos muito rapidamente e descemos mais rapidamente ainda. "Quanto mais alto o coqueiro, maior o tombo". Deveríamos proceder de uma forma mais inteligente, mais discreta, mais humilde, vivendo a coragem no dia a dia.

---

(10) São Josemaria Escrivá, *Caminho,* n. 827.

À maioria dos cristãos, o Senhor não pede que superem situações clamorosamente aflitivas nem derramem o sangue em testemunho da fé que professam. Mas exige de todos uma valentia análoga que os leve a ser coerentes com a sua fé e a dar testemunho dela com a palavra e o exemplo na vida diária. Essa coerência inteiriça e destemida não é menos heroica que a daqueles que não se dobram sob um regime político de opressão ou que testemunham com o sangue a sua fé. E no nosso dia a dia não faltam as oportunidades aparentemente pequenas para exercitarmos essa virtude, vinculadas sobretudo à superação dos nossos pequenos e grandes complexos e inibições.

Uma das recordações mais amáveis que guardo talvez seja a do Fernando, aquele amigo de infância que tinha nascido com um defeito grave na mão direita. Os dedos estavam atrofiados e causavam uma impressão extremamente desagradável, especialmente para quem lhe apertava a mão.

Ele, tal como a sua mão, crescera contrafeito e retraído. Evitava novas amizades. Dizia-me:

— Sinto que tudo na minha vida gira em torno deste defeito. Desde que me levanto até que me deito, penso continuamente: "Sou um maneta, sou um maneta", e por isso sempre cumprimento com a mão esquerda e escondo a direita.

Um dia, peguei-o de lado e disse-lhe:

— Fernando, já é hora de parar com isso. Você é um rapaz inteligente, fisicamente bem proporcionado e só pensa em que é maneta. Pela amizade que lhe tenho e pelo carinho que você sente pelos seus pais, vou-lhe pedir um favor: cumprimente com a mão direita sempre; a primeira coisa que você tem que fazer é mostrar a sua mão. Você tem que acabar com esse complexo.

O meu amigo — éramos os dois muito jovens — não conseguiu evitar as lágrimas. E, entre soluços, disse-me:

— Por favor, ajude-me.

E aí começou a luta. Umas vezes vencia, outras era derrotado. Mas pouco a pouco foi aflorando toda a sua vitalidade, simpatia e inteligência. Eu o via entrando nas rodas de colegas, cumprimentando um e outro, sempre com o "toco" na frente; e acabou por ser muito benquisto no colégio e mais tarde no seu meio social. A mocinha mais bonita e rica da cidade começou a reparar nele. "O que mais me encanta no Fernando", dizia-me ela, "é a coragem com que soube superar o seu defeito"... E acabou por apaixonar-se por ele. Hoje formam um casal maravilhoso com muitos filhos e netos.

Assim é: libertamo-nos dos nossos medos, complexos e inibições com "doses diárias" de valentia aplicadas aos nossos pontos fracos.

Cada um de nós terá de identificar o seu "calcanhar de Aquiles" e depois preparar um plano de combate adequado. É preciso deixar-se interrogar pela consciência, colocar-se no banco dos réus e iniciar a luta começando por pequenos vencimentos, para ir progredindo num plano inclinado. Assim, paulatinamente, iremos criando hábitos robustos, uma verdadeira malha de virtudes fundamentais, como a força de vontade, o espírito de iniciativa, o destemor, a intrepidez, a serenidade e a lucidez ante o inesperado, e, com elas, porventura o espírito de liderança para a vida profissional, para a vida social e apostólica.

O mais importante é dar o primeiro passo. Na hora de levantar-se, por exemplo. Não é pequena coragem. Soa o despertador e levanto-me imediatamente. Aprendemos assim desde o primeiro minuto a enfrentar o dia, a enfrentar a vida. Depois, continuar a exercitar-nos em tantos outros momentos, ao longo do dia: não ter medo do chuveiro frio, cumprimentar os colegas de trabalho com decisão — um aperto de mão firme já é um indício de coragem —, expor serenamente o que pensamos quando o nosso silêncio representaria uma omissão ou uma covardia, exigir com firmeza os nossos direitos, dizer sempre a verdade, falar de Deus no momento oportuno, abordar com um colega ou um amigo um problema importante para a vida dele, não protelar o momento de comunicar a um doente grave que a sua vida está em perigo e precisa preparar-se para bem morrer, saber educar ou corrigir com firmeza e com carinho, sem ter medo de perder a afeição ou a simpatia dos alunos, filhos ou subordinados... E tantas coisas mais.

Pequenos atos de coragem que, progressivamente, vão formando um forte entrançado de comportamentos vigorosos, de atitudes corajosas, que nos capacitarão para dar os grandes passos na vida, para ultrapassar as linhas divisórias que a Providência divina vai marcando entre a covardia e a coragem, entre a mediocridade e a vida de filhos de Deus.

Coragem na dor e na morte

A virtude da valentia cobra uma importância extraordinária em face das situações-limite como a dor e a morte.

É muito difícil, para não dizer impossível, encarar a dor e a morte com coragem quando não se lhes encontra um sentido. Porém, quando o encontramos, vemos crescer diante dos nossos olhos assombrados o esplêndido espetáculo dessas fracas criaturas que se agigantam diante do sofrimento, com uma coragem que nos parece sobre-humana. Lembremo-nos das mártires Perpétua e Inês, ou daquelas pequenas santas ainda não canonizadas como Jacinta, a pastorinha vidente de Fátima, ou a simpática Montserrat Grases e a frágil Aléxia[11].

Quando essas criaturas fracas, naturalmente medrosas, encontraram com a graça de Deus os motivos para sofrer e a força para suportar a dor e a morte, converteram-

---

(11) Cf. Luis Fernando Cintra, *Os primeiros cristãos*, 2ª ed., Quadrante, São Paulo, 1991; Henri Ghéon, *Teresa de Lisieux*, Quadrante, São Paulo, 1990; William T. Walsh, *Nossa Senhora de Fátima*, Quadrante, São Paulo, 1996; M.A. Monge, *Aléxia*, Quadrante, São Paulo, 1993; José M. Cejas, *Montserrat Crases*, Rialp, Madri, 1995.

-se em figuras gigantescas, de uma valentia que não encontra paralelo em muitos dos grandes heróis da história.

Não pensemos, porém, que esses exemplos são para "os outros", porque são igualmente para nós. Nós também somos criaturas fracas que, com a graça de Deus, podem e têm autêntica obrigação de enfrentar a dor com a coragem dos santos.

Não podemos fazer, aqui, uma exposição aprofundada do sentido cristão da dor, mas podemos ao menos lembrar os grandes motivos que a doutrina cristã apresenta para a aceitarmos com galhardia.

O sofrimento purifica a nossa natureza caída; serve de penitência para limparmos os nossos pecados pessoais; vem a ser como o cinzel com que o escultor divino arranca do bloco informe que somos aquilo que sobra para nos configurarmos segundo o perfil dos filhos de Deus; serve de "megafone de Deus" para despertar em nós a natural dependência dEle; e, especialmente, é o grande instrumento para sermos corredentores com Cristo: sofrendo como Ele, co-redimiremos com Ele.

Em seu livro O *problema da dor*, C.S. Lewis, o famoso professor da Universidade de Oxford, explica de forma muito expressiva um dos sentidos do sofrimento ao qual acabamos de nos referir:

> A dor, a contrariedade, é sem dúvida um instrumento terrível como *megafone* de Deus [...], mas pode ser a única oportunidade de que dispomos para retificar a nossa vida. A minha própria experiência é mais ou menos assim: avanço pelo caminho da vida sem modificar o meu modo natural de ser, satisfeito com a minha mediocridade, dominado pelas alegres reuniões com os meus amigos, pela satisfação do meu trabalho que promove a minha vaidade, por um dia de folga, pelo êxito de um novo livro... De repente, uma facada no corpo, provocada por uma dor abdominal que prenuncia uma doença grave...

e todo o castelo de cartas desmorona. Estava entretido com os meus brinquedos, e subitamente vejo-os todos diante de mim, despedaçados e imprestáveis... Esses brinquedos faziam-me esquecer que a minha verdadeira felicidade se encontra em outro mundo, que o meu único tesouro autêntico é Cristo.

Essa dor é, pois, uma grande graça. Torna-me capaz de tomar consciência da minha dependência de Deus; faz-me perceber onde está a fonte da minha verdadeira felicidade [...]. Mas, dois dias depois, passada a dor, desaparecida a ameaça, lanço-me novamente a brincar com as bugigangas de sempre e desejo — que Deus me perdoe — desterrar da minha mente a certeza de que preciso desesperadamente dEle, de que Ele é o meu único suporte. Por isso, enxergo com toda a clareza a necessidade da tribulação: é que, através dela, *Deus se tornou senhor da minha vida ao menos durante quarenta e oito horas*[12].

Um dia, teremos de entregar a vida a Deus e necessitaremos de coragem suficiente para morrer em paz, confiando na misericórdia de um Pai que nos espera com os braços abertos. Mas, para vivermos essa coragem derradeira, precisamos exercitar-nos, com valor, ao longo da vida, nessas outras "pequenas mortes" que representam as contrariedades diárias, as mazelas semanais, as gripes e enxaquecas mensais, as doenças anuais...

Esse exercício diário de coragem avança em paralelo ao exercício contínuo de quem corre para alcançar a santidade. É por isso que só os santos chegam a amar a dor como algo permitido por Deus para ajudá-los a alcançar o seu maior bem. Para nós, a contrariedade e a doença representam ainda um "mal", uma "tragédia"

---

(12) C. S. Lewis, *El problema del dolor*, Rialp, Madri, 1994, p. 99.

que precisamos evitar a todo custo, e por isso somos tão covardes.

Um homem que tenha a valentia de encarar de frente a dor e a tribulação, um homem que consiga considerar a fome, a sede, a dor, a desonra, a pobreza como um "tesouro"[13], é um homem superior e alguém que pode dizer alegremente como São Paulo: *Já não sou eu que vivo, é Cristo que vive em mim* (Gl 2, 20), é Cristo que sofre em mim. Esses são os santos. Os santos não são figuras de porcelana para serem admiradas nas vitrines da história. São seres como nós, que trazem no corpo e na alma, de alguma maneira — como São Paulo —, *os sinais da paixão de Cristo* e que, por isso, são conscientes de que, morrendo com Ele, haverão de ressuscitar como Ele.

A existência humana não é uma caminhada pavorosa em direção à morte; é uma corrida alegre e corajosa em direção à Vida.

---

(13) Cf. São Josemaria Escrivá, *Caminho*, n. 194.

Uma vida com V maiúsculo que, como dois braços potentes, agarra-se ao beiral do céu, comunicando segurança e serenidade.

Coragem e apostolado

Cristo nos diz: *Quem me negar diante dos homens, também Eu o negarei diante de meu Pai que está nos céus* (Mt 10, 32). E São Paulo — que nunca teve medo de pregar o Evangelho — faz-se eco da palavra evangélica aconselhando ao seu discípulo Timóteo: *Deus não nos deu um espírito de temor, mas de fortaleza. Não te envergonhes nunca de dar testemunho do nosso Senhor* (2 Tm 1, 7-8). E, no entanto, como às vezes nos custa dar um testemunho decidido!

Recordo-me do ardor juvenil que senti no final do meu primeiro retiro. Tinha dezesseis anos. Ouvi falar da necessidade de sermos pescadores de homens, de deixarmos a vida morna da praia, de termos coragem para enfrentar os perigos do alto mar e as suas tempestades, a fim de lançarmos a rede em águas profundas...

Saí entusiasmado. Tinha que fazer apostolado. Cheguei à cidade no domingo e telefonei a um colega:

— Tenho que falar com você.

— Bem, amanhã, no colégio.

— Não, tem que ser *agora!*

Ficou surpreso. Marcamos o lugar do encontro. Era uma tarde muito quente. Ia pela rua orgulhoso. Estava cumprindo com coragem os meus planos de apostolado. Queria convidar o meu amigo para o próximo retiro.

Cumprimentei-o. Começamos a passear. Depois de dez minutos de "conversa--mole", a minha consciência começou a "cobrar-me": *Até agora você não falou nada... Será que está com medo?*

— *Medo, eu!? Eu? Depois de marcar este encontro?... Faz favor... É que ainda não houve oportunidade, tenho de encontrar o momento adequado...*

Mais dez minutos e... nada. Outra vez a consciência: *Estás apavorado...* E eu: *De jeito nenhum! Quando chegarmos àquele cruzamento, eu falo...* Chegamos ao cruzamento, mas, quanto a falar... nada. Comecei a ficar preocupado: *Quando chegarmos à altura daquela banca de jornais, falo e pronto...*

Falhei outra vez! A consciência começou a rir dentro de mim, a "fazer gozação". *Não é medo, não. É pânico o que você está sentindo.* Tive de concordar e procurar uma desculpa: *O meu amigo está "por fora"; se o convido para um retiro, não vai entender nada; Fui muito imprudente, foi só um entusiasmo pueril...* E, lá por fora, a conversa continuava com futilidades insossas...

Aí, de repente, pensei: *Uma hora caminhando ao sol, com um calor desgraçado, puxando um "papo mole" que não vai dar em nada...* O meu amigo devia estar pensando que eu era um cretino: sair de casa, com esse calor..., e para quê? Para conversarmos sobre essas bobagens todas? Ele quisera deixar o encontro para o dia seguinte, mas eu lhe dissera que tinha de ser "agora"! "Agora", para quê?

Apesar do calor, senti calafrios, e muita vergonha pela minha covardia... E comecei a falar timidamente, com meias-palavras...

— Acabo de fazer um retiro...

— Um retiro? Puxa, não sei o que é, mas deve ser interessante. Você gostou?

— Gostei e muito! É formidável — disse, recuperando-me um pouco da minha inibição... — Até queria convidar você para o próximo...

— Você acha que vai ser bom para mim?

— Acho que será ótimo! — disse-lhe, já com entusiasmo.

— Pois bem, se você pensa assim, conte comigo!...

Que vergonha! Uma hora e meia com sol a pino para falar de um assunto que poderia ter sido resolvido em dez minutos! Você é o fim da picada!... — disse de mim para mim, sentindo-me muito humilhado.

O rapaz foi ao retiro. Telefonou-me no domingo, mais ou menos à mesma hora em que eu lhe tinha telefonado.

— Como foi o retiro? — perguntei, ansioso.

— Bem; mas quero falar com você.

— Bom, amanhã, na escola...

— Não, tem que ser... *agora!*

Quando me dirigia ao ponto de encontro — o mesmo da outra vez —, ia apreensivo... Ele dissera "agora"! Por que seria?

Quando nos encontramos, espetou-me sem preliminares:

— Quis falar com você agora para lhe dizer o que você não me disse no outro dia. *Agora* eu já sei o que é fazer apostolado... Você me telefonou só para me convidar para o retiro... e demorou quase duas horas, com aquele sol danado... *Você foi um covarde!*

Pareceu que o chão se sumia debaixo dos meus pés... Passei tanta vergonha, tanta vergonha, que até hoje tenho a impressão de ter esgotado todo o meu estoque de vergonha...

O meu amigo e eu nos abraçamos entre gargalhadas, e fizemos o propósito de ser um pouco mais "sem-vergonhas", de fazer um apostolado corajoso no colégio... Grande rapaz, que lição! Ainda hoje me felicita pelo Natal, agradecendo-me aquele "tímido" convite para o retiro de que Deus quis servir-se para transformar totalmente a sua vida.

Não podemos ter medo, respeitos humanos. É necessário que reparemos na "sem-vergonhice" de que se valem os promotores de programas pornográficos, de novelas indecorosas que dão lucros vultuosos à sua conta bancária..., enquanto nós, cristãos — que detemos do verdadeiro sentido da felicidade —, permanecemos escondidos na toca da nossa timidez como coelhos covardes, tremendo nas bases por medo de sermos "pichados"...

A evangelização em profundidade não se faz apenas dentro do cálido ambiente da família, de um grupo católico ou de uma comunidade paroquial; é preciso enfrentar com coragem os ventos e as marés do alto-mar, lá onde se decidem os destinos da sociedade. É no entrecruzar-se das profissões, no núcleo das relações sociais que se desenha a tarefa própria dos cristãos que vivem no meio do mundo. Não podemos furtar-nos a essa responsabilidade.

Depois destas considerações, seria bom que nos perguntássemos: tenho a coragem de confessar a minha fé em ambientes que considero "difíceis" — na escola, na universidade, no trabalho...? Tenho medo de críticas e "pichações"? Fico inibido porque receio que alguém diga que sou "carola" ou "careta", ou, pelo contrário, sou coerente de cima a baixo em todo o meu comportamento? Já pensei alguma vez que, no momento do meu julgamento definitivo, desfilarão diante de mim os rostos dos parentes, amigos, vizinhos e colegas, e que cada rosto significará uma pergunta: "Que fez você por mim?"

É preciso comunicar a todos — como nos diz literalmente o Papa — "a certeza de que existe Alguém que tem nas suas mãos os destinos deste mundo que passa [...],

Alguém que é o Alfa e o Ômega da história do homem (cf. Ap 23, 13). Somente Ele é que dá a plena garantia das palavras *Não tenhais medo*"[14].

"Não tenhais medo!" Estas foram as primeiras palavras que João Paulo II pronunciou depois de eleito Papa, na sua primeira homilia na Praça São Pedro. São palavras que ele vem repetindo nas mais diversas ocasiões e com os mais diversos acentos e significados: "Não tenhais medo dos homens; não tenhais medo de Deus; não tenhais medo de amar; não tenhais medo de evangelizar"... São palavras que contribuíram para derrubar todo um "império do medo" que mantinha agrilhoadas milhões de pessoas, países inteiros. São palavras que podem vir a derrubar, se assim o quisermos, o império dos respeitos humanos nas nossas consciências e nas daqueles que nos rodeiam.

---

(14) João Paulo II, *Cruzando o limiar da esperança*, Francisco Alves, Rio de Janeiro, 1994, p. 204.

EPÍLOGO
Uma breve e indispensável palavra de despedida

Com as mesmas palavras do sacerdote na Santa Missa — "orai, irmãos e irmãs" — que nos incitam a levantar o coração a Deus, agora também somos convidados a solicitar do Senhor essa coragem necessária para vivermos decidida e integralmente com a segurança de um filho de Deus: invocar, orar, pedindo aquilo de que tanto necessitamos: a paz e a serenidade, livres de medos e ansiedades.

Essa coragem e segurança, sem temores e angústias, era a que sustentava Davi: *O Senhor é a minha luz e a minha salvação, a quem temerei? O Senhor é o protetor da minha vida, de quem terei medo? Se todo um exército acampar contra mim, não temerá o meu coração. Se se levantar contra mim a batalha, mesmo assim terei confiança* (Sl 26, 1-3).

"Era a fé de Davi — escreve Dougherty — que o encorajava a vencer o medo todas as vezes que passava pelo *vale escuro* das incertezas. Davi mostra-nos que, mesmo em situações aterradoras, tinha confiança em que Deus estava com ele. A fé de Davi suscitava uma esperança, uma certeza de vitória que espantava o medo, mesmo nas condições aparentemente mais insuportáveis.

"E como Davi conseguia ter tanta fé, tanta confiança na proteção divina?

"Através da oração constante e frequente, que se intensificava ainda mais nos momentos de angústia e aflição. No Salmo 60, fugindo dos inimigos, Davi reza suplicante: *Ouvi, ó Deus, o meu clamor, atendei a minha oração. Dos confins da terra clamo a Vós, quando me desfalece o coração. Haveis de me elevar sobre um rochedo e dar-me descanso. Porque Vós sois o meu refúgio, uma torre forte contra o inimigo* (Sl 60, 2-3).

"No Salmo 140, no meio da tribulação, reza: *Senhor, eu Vos chamo, vinde logo em meu socorro, escutai a minha voz quando Vos invoco. Que a minha oração suba até Vós como a fumaça do incenso* (Sl 140, 1).

"E depois da vitória sobre os inimigos, explode em louvores no belíssimo Salmo 17, cantando: *Na minha angústia, invoquei o Senhor, gritei para o meu Deus: do seu templo, Ele ouviu a minha voz e o meu clamor chegou aos seus ouvidos* (Sl 17, 7).

"Deus ama-nos a todos sem distinção. Vamos, portanto — continua a dizer Dougherty —, invocar a sua proteção, afastando assim definitivamente o medo de nossas vidas. Não deixemos de rezar confiantes como Davi, nos momentos de angústia e depressão. A fé na oração libertar-nos-á dos medos, traumas e aflições. A oração é a nossa maior arma contra o medo"[1].

Sigamos o conselho de um homem de Deus: "Sê atrevido na tua oração, e o Senhor te transformará de pessimista em otimista; de tímido em audaz; de acanhado de espírito em homem de fé, em apóstolo!"[2]

Façamos oração com confiança e "atrevimento" de filhos. E peçamos ao Espírito Santo o *dom* da fortaleza — que compreende a virtude da valentia —, como os Apóstolos no dia de Pentecostes. Eles sentiam o medo às perseguições e o temor inibidor para empreender essa imensa tarefa de evangelização mundial que o Senhor lhes tinha confiado. Mas oravam: *Perseveravam unanimemente em oração ao lado de Maria, a mãe de Jesus* (At 1, 14). E conseguiram a coragem de que precisavam para cumprir

---

(1) E. Dougherty, "Ainda não tendes a fé?", em *Anunciamos Jesus*, out. 1992, p. 1.

(2) São Josemaría Escrivá, *Sulco*, n. 118.